WiSt-Taschenbücher
Wirtschaftswissenschaftliches Studium

herausgegeben von
Prof. Dr. Dr. h.c. Erwin Dichtl
Prof. Dr. Otmar Issing

W0066569

Deutsch für Ökonomen

Lehrbeispiele für Sprachbeflissene

von

Prof. Dr. Dr. h.c. Erwin Dichtl

Verlag Franz Vahlen München

Die Deutsche Bibliothek – CIP-Einheitsaufnahme

Dichtl, Erwin:
Deutsch für Ökonomen : Lehrbeispiele für Sprachbeflissene /
von Erwin Dichtl. – München : Vahlen, 1995
  (WiSt-Taschenbücher)
  ISBN 3 8006 2025 1

ISBN 38006 2025 1

© 1996 Verlag Franz Vahlen GmbH, München
Satz und Druck der C. H. Beck'schen Buchdruckerei, Nördlingen

Der Stein des Anstoßes

Wer im Glashaus sitzt, soll nicht mit Steinen werfen. Muß man, um anderen Ratschläge in Sachen Sprache erteilen zu können, selbst absolut sattelfest sein? Wohl nicht; denn wäre dies das entscheidende Kriterium, würde kein Deutschlehrer mehr seines Lebens froh und Autoren von Büchern wie „Deutsch für Profis" und „N. N.'s kleine Stilkunde" hätten besser darauf verzichtet, anderen Leuten den Spiegel vorzuhalten. Keiner beherrscht die deutsche Sprache perfekt, schlimmer noch: es gibt gar keinen objektiven Maßstab dafür, was „perfekt" sein könnte.

Um einen solchen zu schaffen, bedürfte es einer höchstrichterlichen Instanz, die jedoch nur für Teilbereiche existiert. So hilfreich der *Duden* mit all seinen Ablegern auch sein mag, so wenig erfüllt er doch die hier geforderte Funktion. Erstens geht es in ihm primär um Orthographie, um die Bedeutung von Wörtern, um Silbentrennung, Aussprache, Grammatik und Etymologie, zweitens nimmt dessen Redaktion nach einer gewissen Zeit jedes Wort auf, sofern es in bestimmten deutschen Medien regelmäßig verwendet wird (z. B. beinhalten, Texter, urlauben). Diese Art von Flexibilität zeigt sich in eingeschränktem Maße auch in der Haltung des *Dudens* gegenüber grammatikalischen Fragen.

Leuten, die am schludrigen Umgang mit der deutschen Sprache Anstoß nehmen, wird oft entgegengehalten, diese lebe, müsse sich entwickeln, deshalb habe es keinen Sinn, sich als Purist zu gebärden und sich dem Fortschritt in den Weg zu stellen. Gemach, gemach! Konsequent zu Ende gedacht, hieße dies, daß jeder so reden und vor allem so schreiben dürfte, wie es ihm beliebt. Dies kann wohl nicht angehen.

In der Tat gibt es nicht wenige, die auf eine gediegene Sprache keinen Wert legen, und zwar auch unter Hochschullehrern der Ökonomie. Wissenschaft sei schließlich nicht mit Literatur zu verwechseln. Schwerfälliger, holpriger, aufgeblähter oder einfallsloser Stil stört indessen die Kommunikation und verleidet einem die Lust am Lesen. Dies kann tödlich sein; denn von all dem, was in den Wirtschaftswissenschaften an Aufsätzen und Büchern hervorgebracht wird, ist fast nichts so gewichtig, daß keiner daran vorbeikommt. Es herrscht gewaltige Konkurrenz.

Auch ein noch so gutes Produkt hat es schwer, sich am Markt durchzu-
setzen, wenn das Design oder die Verpackung nichts taugen und der
Service zu wünschen übrigläßt. Bei geistigen Ergüssen soll es dagegen
nicht darauf ankommen, in welcher Form diese verabreicht werden?
Manch einer errichtet selbst die Barriere, welche anderen den Zugang
zu den Erkenntnissen versperrt, die er mit ihnen teilen will. Oft sind es
dieselben Leute, die sprachliche Stümperei dulden oder ihr gar das
Wort reden, sich aber gleichzeitig an mathematischer Eleganz ergötzen.
Dies erscheint inkonsequent, paßt also schlecht zusammen.

Woran wird oder sollte man sich bei dem Versuch, Ordnung zu schaffen, orientieren? Logik, Normen, Konventionen, Ästhetik und ein
Schuß Traditionsbewußtsein bilden wichtige Leitlinien. Man muß nicht
jede Marotte mitmachen.

Was legitimiert einen Wirtschaftswissenschaftler, sich auf ein für ihn
fremdes Feld vorzuwagen? Spaß an Sprachlogik, Erfahrung als Autor,
als Herausgeber von Büchern und Zeitschriften sowie das Wissen um
die Existenz von eklatanten Defiziten bei Studierenden auf diesem
Gebiet. Wer Mängel zu entdecken vermag, muß zumindest ein wenig
über den Kenntnisstand derer hinaussein, denen zu helfen er sich an-
heischig macht.

Es gibt Diplomarbeiten, verfaßt von Deutschen, die in der Bundesrepublik aufgewachsen sind, also nicht Aussiedlern, geschweige denn
Ausländern, in denen sich auf 50–60 Textseiten über 400 eindeutige
Verstöße gegen Regeln der deutschen Sprache finden. Um die Nor-
mensicherheit und das Ausdrucksvermögen eines Großteils der jungen
Leute, mit denen man als Hochschullehrer für Betriebswirtschaft in
Berührung kommt, ist es so schlecht bestellt, daß man ins Grübeln
gerät. Was nützt es, wenn Gymnasiasten im Deutschunterricht mit
schöngeistiger Kost gemästet und Studierende mit Fachwissen vollge-
pumpt werden, die Betroffenen später aber nicht einmal in der Lage
sind, einen Geschäftsbrief, eine Aktennotiz oder eine anspruchsvollere
Ausarbeitung, etwa eine Expertise oder einen Geschäftsbericht, in
einwandfreiem Deutsch zu verfassen? Viele, die ihr Unvermögen erkennen, leiden darunter, doch fragen sie vorwurfsvoll: Woher sollen
wir all das können? Sie befinden sich in guter Gesellschaft:

„Niemand findet … offenbar etwas dabei, wenn in Büchern selbst namhafter
Schriftsteller immer häufiger Grammatikfehler auftauchen. Der Konjunktiv wird
kaum noch beherrscht. Es wimmelt nur so von falschen „würde"-Konstruktio-
nen; es steht „wäre", wo es „sei" heißen müßte, es steht „hätte", wo es „habe"
heißen müßte; die Apposition, die Beifügung, erhält den falschen Kasus; es wird

nicht mehr richtig dekliniert und konjugiert. Anscheinend wird in den Verlagen nicht mehr sorgfältig genug lektoriert und ediert (*Natorp, 1995*)."

Dies erklärt bereits, was mich motiviert, Material, das ich in nur wenigen Wochen zusammengetragen habe, öffentlich auszubreiten. Zumindest Studierende der Wirtschaftswissenschaften könnten von dem Unterfangen profitieren. Sollten auch noch andere, z.B. Germanisten, die Diplomarbeiten von Ökonomen auf sprachliche Unzulänglichkeiten hin durchsehen, Nutzen daraus ziehen – um so besser!

Meine Einschätzung stützt sich u.a. auf eine Erfahrung, die ich in vielen Zusammenkünften mit Gruppen von jeweils drei Diplomanden bzw. Diplomandinnen gewonnen habe. Mit ihnen blättere ich jeweils eine prüfungstechnisch bereits abgewickelte Arbeit durch, wobei ich die um mich Herumsitzenden auf darin zu findende formale und sprachliche Fehler, die sie möglichst nicht begehen sollten, hinweise. Die Frage, ob sie diesen Service für nützlich hielten, haben bislang alle, die ihn in Anspruch nahmen, uneingeschränkt bejaht.

Auch Mitarbeiter ermunterten mich wiederholt, endlich einmal schiefe Wendungen, Phrasen und typische sprachliche Fehler, wie wir sie immer wieder einmal zum Gegenstand zwangloser Diskussion machen, zu Papier zu bringen. Ganz ungefährlich ist das Vorhaben freilich nicht; denn im Gegensatz etwa zu Musik- oder Theaterkritikern, von denen selbst nicht verlangt wird, was sie Künstlern an Können absprechen, setzt die Durchleuchtung der Sprachkompetenz anderer voraus, daß man auf diesem Gebiet halbwegs mitzuhalten vermag.

Was bei dem Bemühen herausgekommen ist, stellt nicht eine alle Facetten erfassende Fibel für besseres oder gar gutes Deutsch dar, sondern eine mit Hinweisen und Empfehlungen garnierte Sammlung von über 400 mißglückten Formulierungen, von Verstößen gegen Regeln oder von falsch verwendeten Wörtern, wobei ich jeweils meine Bewertung begründe oder eine aus meiner Sicht zweckmäßigere Fassung vorschlage. Man mag jene mit dem Strafgesetzbuch vergleichen, das auch **nicht sagt**, was (erschöpfend) **sein soll**, sondern **sagt, was** (selektiv) **nicht sein soll**. Gleichwohl gibt es zwischen beiden Katalogen einen kleinen Unterschied im Verbindlichkeitsgrad.

Unsinnige, strittige oder offenkundig als Flüchtigkeitsfehler einzustufende Fälle, auf die man immer wieder stößt, sollen hier nicht aufgegriffen werden; ebensowenig wird es zu einer über sprachliche Belange hinausgehenden inhaltlichen Diskussion von Aussagen kommen. Gleichermaßen verzichten werde ich mit ein paar begründeten Ausnahmen auf die Auflistung von Schreibfehlern. (Im Anhang werden jedoch die Kernelemente der bevorstehenden Rechtschreibreform skizziert.)

Beispielsweise buchstabiert ein beträchtlicher Prozentsatz von Diplomanden, die ihr Abitur an einer deutschen Schule in Deutschland (und nicht z. B. in Kasachstan, was mit ganz anderen Maßstäben zu messen wäre) abgelegt haben, „selbständig" mit zwei „st" und „Reparatur" mit zwei „e" statt zwei „a"; viele vermögen nicht zwischen „das" und „daß" zu unterscheiden. Und kaum einer weiß, wie man „Parallele" und „Prognose" korrekt trennt. Wozu auch, da man sich doch weithin nicht einmal mehr an „Leis-tung", „Registrier-ung", „Veröffentlich-ung" und „Versicher-ung" stößt und, wie gesagt, ohnedies eine Revision der Regeln vor der Tür steht.

Welchen Quellen entstammt das hier verwendete Material? Es ist Manuskripten anderer, mit denen ich mich beruflich zu befassen hatte, ferner Büchern und Aufsätzen, sodann jener Tageszeitung, hinter der angeblich immer ein kluger Kopf steckt, einem Wochen- und einem Lokalblatt, Rundfunk und Fernsehen, schließlich Diplomarbeiten, nicht aber Klausuren entnommen, die nur unter Zubilligung mildernder Umstände beurteilt (und deshalb nicht für hinterhältige Zwecke ausgeschlachtet) werden sollten. Was diese betrifft, stellt sich freilich die Frage, ob man Entgleisungen wie „auftringlich", „ausgewießen", „Entäuschung", „Fordergrund", „Proffessor", „rießig", „Umkleidekabiene" und „vorraussichtlich" auch noch mit dem Mantel der Nachsicht zudecken darf.

Das Buch besteht, wie schon bemerkt, weithin aus Beispielen, die zu Fallgruppen zusammengefaßt werden. Oft liefert ein Satz(-fragment) Anlaß für mehr als ein Monitum. Hier entscheiden über die Zuordnung die aus meiner Sicht wichtigste Beanstandung oder auch der Umstand, wieviel Anschauungsmaterial für die einzelnen Kategorien jeweils zur Verfügung steht. Allzu strenge Maßstäbe an die gewählte Einteilung sollte man nicht anlegen.

Was die Zahl der verwendeten Beispiele betrifft, gilt es dabei, ein Gleichgewicht zwischen zwei konfligierenden Forderungen zu finden. Einerseits muß selbst ein Taschenbuch einen gewissen Mindestumfang erreichen, während andererseits bei solch einer spröden Materie rasch des Guten zuviel getan ist. Sicherlich sprechen auch pädagogische Gründe dafür, nicht eine zu geringe Anzahl von Anstößen zu geben.

Begonnen wird mit der Pflicht, auf die die Kür folgt. Dies trägt der Überlegung Rechnung, daß in einer für andere bestimmten Ausarbeitung zumindest Logik, Grammatik und Interpunktion (neben der hier nicht behandelten Orthographie) korrekt sein sollten. Wenn jene auch noch stilistisch ansprechend ausfällt, stellt dies etwas dar, was viele für einen Vorzug halten werden. Eine Sonderrolle spielt – abgesehen vom Anhang – das nun folgende Kapitel, in dem zu zeigen versucht wird, woher der Stoff stammt, der den Gegenstand sprachlicher Bemühungen darstellt.

Kein Mensch wird diesen Band in einem Zug durcharbeiten. Die hier gebotenen Textproben, fast allesamt authentisch, vermögen vermutlich niemanden zu faszinieren, so daß er nicht genug von derlei Dingen bekommen könnte. Sie stellen teilweise eine nur schwer verdauliche Kost dar, die man deswegen nur in Häppchen einnehmen wird. Es erfordert ohnehin hohe Motivation, sich überhaupt mit dieser Materie zu befassen.

Für konstruktive Kritik am Inhalt des Buches, für nützliche Ergänzungen, vor allem aber für Hinweise auf Fehler, die auch dem Auge exzellenter Sekundanten entgingen, wäre ich dankbar. Den fünf Damen und drei Herren, die sich durch frühere Fassungen des Elaborats hindurchgekämpft und mich vor mehr als einer Blamage bewahrt haben, bin ich zutiefst verbunden. Freuen würde ich mich, wenn mir wohlmeinende Leser hülfen (so heißt das Wort wirklich), eine Sammlung von Stilblüten mit Bezug zur Wirtschaft anzulegen (Adresse: Universität Mannheim, 68131 Mannheim).

Mannheim, im August 1995   *Erwin Dichtl*

Inhaltsverzeichnis

Der Stein des Anstoßes   V

I. Auf der Suche nach Stoff   1

   1. Der Zweck der Übung   1
   2. Wege zum Ziel   2
   3. Das formale Gerüst   4
   Exkurs: Kriterien für die Beurteilung von Manuskripten beim
   Journal of Marketing   8

II. Verpönte Arten von Aussagen   11

   1. Die Vermengung zweier Sprachebenen   11
   2. Appelle und Bekenntnisse statt Befunden   14
   3. Ehrlich währt am längsten   16

III. Die Last mit der Logik   21

   1. Mit Konsequenz ins Chaos   21
   2. Das kategoriale Adjektiv   23
   3. Der falsche Bezug.   26
   4. Tücken der Semantik   32

IV. Mit Grammatik und Interpunktion auf Kriegsfuß   39

   1. Die Qual mit der Zahl.   39
   2. Der falsche Fall   42
   3. Kalamitäten bei der Satzkonstruktion und beim Konjunktiv.   50
   4. Die Überwindung des Zufalls bei der Verwendung des
   Kommas   54

V. Verstöße gegen den guten Stil.   61

   1. Fehlgriffe bei der Wortwahl   61
   Exkurs: Von der Nützlichkeit eines Englischlexikons   66
   2. Worthülsen, Wortschöpfungen und Unwörter   67
   3. Offene und versteckte Pleonasmen   70

4. Der Verlust der Eindeutigkeit durch Verdopplung der Wortzahl. 74
5. Die Angst des Autors vor dem Singular 76

VI. Wider die Sterilität der Diktion 81

1. Der Wortschatz oder die Armut im Überfluß 81
Exkurs: Das „Mismanagement" des *Manager Magazins* 82
2. Mit variablem Design gegen die Langeweile 85
3. Beispiele und Bilder. 88

Literaturhinweise. 91

Anhang 93

Die Gestaltung von Abbildungen und Tabellen 93
Orthographie mit persönlicher Note: Kernelemente der Rechtschreibreform. 97
Ausgewählte Fachbegriffe 101

I. Auf der Suche nach Stoff

1. Der Zweck der Übung

Wenn jemand schreibt, dann deshalb, weil er entweder muß, beispielsweise aus beruflichen Gründen, oder weil er glaubt, etwas zu sagen zu haben. Abgesehen von der formalen Seite, nämlich etwa eine Prüfungsleistung zu erbringen, gibt es ganz verschiedene Anliegen, die in einer wirtschaftswissenschaftlichen Ausarbeitung verfolgt werden können.

(1) Oft geht es allein darum, bestimmte Gegebenheiten wie z.B. die Organisation, das Produktionssystem, die Einstellungspolitik einer Unternehmung oder die quantitativen Dimensionen und einige Charakteristika eines Marktes zu beschreiben. Dazu bedarf es eines theoretischen Vorwissens und einer gewissen praktischen Kenntnis der Materie. Ein weitergehender Anspruch wird damit indessen nicht verfolgt, weil man nicht mehr erfahren will. Spötter nennen dies die Jäger- und Sammlerstufe.

(2) Die nächsthöhere Ebene besteht darin, ein Phänomen zu erklären, also herauszufinden und darzulegen, worin dessen Ursachen bestehen, wie es zu der Erscheinung kommen konnte, welche Triebkräfte am Werk waren. Idealerweise strebt man danach, von einer Reihe von Einzelbeobachtungen zu abstrahieren und sog. nomologische Hypothesen, also Aussagen abzuleiten, die Gesetzmäßigkeiten vom Typ „wenn – dann" oder „je – desto" widerspiegeln.

Es gibt dabei Varianten mit geringer und solche mit großer Reichweite, je nachdem wie eng oder weit eine Hypothese, wie restriktiv oder großzügig die Bedingungen für deren Gültigkeit gefaßt sind. Je größer der Erklärungsanspruch, desto leichter läßt sie sich widerlegen, desto nützlicher ist sie aber auch für die Gewinnung von Wissen und das praktische Handeln.

In den Wirtschafts- und Sozialwissenschaften geht man im allgemeinen davon aus, daß sich eine Hypothese nicht verifizieren, sondern allenfalls falsifizieren läßt; denn man kann nie davor sicher sein, daß morgen jemand auftaucht, dem es gelingt, eine derartige Aussage zu widerlegen. Sofern schon häufig versucht worden ist, eine Hypothese zu Fall zu bringen, ohne damit Erfolg gehabt zu haben, gilt diese als in hohem Maße bewährt.

(3) Eng mit der Erklärung verwandt ist die Prognose. Sofern sich nachweisen läßt, daß zwischen A und B ein eindeutiger Zusammenhang besteht, weiß man ziemlich genau, was geschehen wird, wenn die für A kennzeichnende Konstellation wieder einmal ein- bzw. auftritt. Dies ist der für unseren Bereich interessanteste Fall; denn man strebt im Alltag zumeist nicht nach Wahrheit oder der Verwirklichung eines anderen hehren Ideals, sondern nach Wissen, das sich in der Politik oder in Unternehmen unmittelbar einsetzen läßt.

(4) Damit ist deutlich geworden, daß die Stufen (2) und (3) nur Zwischenschritte verkörpern, weil man eigentlich erfahren möchte, welche Ziele man realistischerweise setzen sollte und welche Maßnahmen sich am besten dafür eignen, diese zu erreichen. Beides kann voraus- oder zurückschauend geschehen. Im einen Fall handelt es sich um Planung, die geistige Vorwegnahme künftigen Geschehens, im anderen um Kontrolle, die Überprüfung der Zweckmäßigkeit von in der Vergangenheit getroffenen Entscheidungen.

Was jemanden veranlaßt, sich auf bestimmte Forschungsfelder zu stürzen oder Fragestellungen aufzugreifen, hängt von einer Vielzahl von Faktoren ab, auf die hier nicht eingegangen werden kann (siehe dazu *Nieschlag, Dichtl, Hörschgen,* 1994, S. 27 ff.). Zumeist werden es pures Erkenntnisinteresse, Druck von außen, Prüfungszwänge, Karrierestreben oder finanzielle Anreize sein, die jemanden motivieren, sich dieser oder jener Problemstellung zuzuwenden.

2. Wege zum Ziel

Woher stammt der Stoff, den jemand gestaltet und anderen vermitteln möchte? Es gibt nur drei Quellen: Der Betreffende aktiviert sein Gehirn, beutet aus, was andere zu Papier gebracht (bzw. auf sonstige Weise gespeichert) haben oder bedient sich der Befragung bzw. Beobachtung, mitunter auch technischer Hilfsmittel, zur Gewinnung von originären Informationen. In der Regel werden mehrere Wege parallel beschritten.

(1) Wenn jemand eine Stimmung wiedergibt, etwa das, was er beim Anblick einer auf ihn einwirkenden Anzeige empfindet, oder über ein Phänomen, z.B. die Rolle der Moral in der Wirtschaft, reflektiert, bedarf er dazu nicht notwendigerweise eines Referenzsystems. Ehe er

indessen einen Bericht über eine Sache verfassen kann, muß er vorher etwas Bestimmtes gelernt, erarbeitet oder erfahren haben. Der Schreiber schildert z.B., wie er die zwischen seinem und anderen Betrieben bestehenden Beziehungen beurteilt, wie er ein Land erlebt hat oder wie eine Maschine funktioniert.

Das, worauf er sich bezieht, kann auch ein abstraktes System sein, wobei er dieses entweder „im Kopf" hat oder sich aus anderen Quellen erschließt. Hierzu gehört etwa, daß jemand einen Sachverhalt auf Übereinstimmung mit vorgegebenen oder von ihm festzulegenden Kriterien hin prüft, auf die Vereinbarkeit mit der Gesetzeslage bzw. ethischen Normen untersucht oder an vorhandenen Theorien spiegelt.

Bei all dem bedarf es eines großen Fundus an Wissen und diverser Fähigkeiten, insbes. analytischen Vermögens und Vertrautheit mit den Regeln der Logik, und zwar in deren verbaler oder mathematischer Form. Je mehr man über eine Sache nachdenkt, desto mehr erkennt man, meinte schon *Diderot*, daß es dabei um alles geht, was man im Kopf hat – und auch nicht.

(2) Sich nur auf seinen eigenen Verstand zu verlassen, reicht aus zwei Gründen nicht: Einmal ist die kognitive Kapazität eines einzelnen in höchstem Maße begrenzt, zum anderen muß man bei jeder Art wissenschaftlichen Arbeitens eine Beziehung zu dem herstellen, was schon andere über die im konkreten Fall interessierende Frage herausgefunden und veröffentlicht haben. Es wäre doch sinnlos, immer wieder von vorne anzufangen, und noch dazu überheblich, wollte man z.B. Kollegen keinerlei Kompetenz zugestehen. Man muß sich also in der Fachliteratur umsehen oder in Datenbanken stöbern.

Gelegentlich rücken Ausarbeitungen anderer von ihrer Randposition in den Mittelpunkt des Geschehens, d.h. sie dienen nicht lediglich dazu, das eigene Denken zu stimulieren oder zu gängeln, sondern sie werden selbst zum Gegenstand einer Untersuchung. Dies geschieht etwa bei der Inhaltsanalyse, bei der man Texte, z.B. Werbebroschüren, systematisch auf inhaltliche, sprachliche oder künstlerische Besonderheiten hin analysiert. Eine Metastudie ist demgegenüber dadurch gekennzeichnet, daß man viele oder alle Publikationen, deren man zu einem Gegenstand habhaft wird, auswertet und aus der Vielzahl von teils übereinstimmenden, teils divergierenden Forschungskonzepten oder Befunden Gemeinsamkeiten herauszufiltern oder Empfehlungen abzuleiten versucht.

(3) Oft führt kein Weg daran vorbei, andere Menschen um Auskunft zu bitten (Befragung) oder sich in der wirklichen Welt umzusehen

(Beobachtung), um Informationen zu erlangen. Studierende und Mitarbeiter von Lehrstühlen sind dabei in einer weitaus ungünstigeren Lage als z. B. Journalisten oder Angehörige großer Forschungsinstitute, die ungleich leichter zum Telefon greifen, Reisen unternehmen oder Geldmittel zu mobilisieren vermögen, um andere „anzuzapfen".

Eine methodisch relativ anspruchslose Form der Erlangung von Informationen sind sog. explorative Gespräche, bei denen man eigentlich nur das (Begriffs-)Feld sondiert. Eine ähnliche Funktion erfüllen Gruppengespräche, deren Steuerung allerdings einschlägige Erfahrung verlangt. Bei sog. Expertengesprächen bedarf es fundierter Kenntnisse über den zu erforschenden Sachverhalt, um mit den, wie es das Wort schon signalisiert, sachkundigen Auskunftspersonen mithalten zu können.

Einen ungleich höheren Aufwand verursacht die Erarbeitung von Fallstudien, da es hierbei nicht damit sein Bewenden hat, Leute auszufragen. Oft müssen dabei auch Dokumente analysiert, Vorgänge nachgezeichnet oder Unterlagen aus längst vergangenen Zeiten ans Tageslicht geholt und ausgewertet werden.

Einem Wissen, das auf diese Weise zustande kommt, wird im allgemeinen nur heuristischer oder illustrativer Charakter zugesprochen. Man weiß nunmehr einiges über die Sache, man versteht, wie etwas funktioniert, wo Probleme liegen, welche Vorstellungen Menschen mit bestimmten Begriffen verbinden etc., aber von einer intellektuellen Beherrschung der Materie ist man noch weit entfernt. Namentlich wenn es darum geht, gehaltvolle Hypothesen zu prüfen, führt kein Weg daran vorbei, systematisch angelegte Erhebungen durchzuführen, wobei man sich bei der Datenerfassung der Befragung, Beobachtung oder technischer Systeme bedient.

3. Das formale Gerüst

Worin der „Zweck der Übung" auch besteht, wird man das, was man anderen mitteilen möchte, in einer bestimmten Form aufbauen. Das hier vorzuschlagende Muster sollte nicht sklavisch übernommen werden; es wird nicht immer passen. Gleichwohl dürfte es zumindest in wissenschaftlichen Abhandlungen kaum einen Fall geben, bei dem sich auf eines der zentralen Elemente verzichten läßt.

(1) Man beginnt mit der Darstellung des zu behandelnden Problems. Worum geht es? Was z. B. macht die Sache kompliziert, brisant, zu einem Gegenstand öffentlichen Interesses? Was veranlaßt jemanden,

sich damit auseinanderzusetzen? Welchen Beschränkungen war der Betroffene dabei unterworfen?

Im einführenden Abschnitt wird man auch das Thema, das man zu bearbeiten gedenkt, eingrenzen und diese Entscheidung begründen. Praktische, insbesondere finanzielle und zeitliche Restriktionen sowie prüfungstechnische Erfordernisse machen es oftmals unmöglich, sich mehr als einem bestimmten Aspekt einer Fragestellung zuzuwenden oder bei der vorgesehenen empirischen Arbeit eine Stichprobe von Fällen bzw. Probanden in einer Größenordnung zu ziehen, die aus methodischen Gründen eigentlich nötig wäre. Dafür hat jeder Leser Verständnis, sofern der Autor hinsichtlich der Gültigkeit und Reichweite seiner Befunde nicht einen übertriebenen Anspruch erhebt.

Soweit der Frage wegen der angestrebten Ausführlichkeit ihrer Behandlung nicht ein eigenes Kapitel zu widmen ist, wird ein Autor an dieser Stelle auch den von ihm gewählten methodischen Zugang zu seinem Problem erörtern. Welche andere Sichtweise hätte sich gleichfalls angeboten? Was veranlaßt den Verfasser, gerade diese oder jene zu wählen? Konkret bedeutet dies, daß er sich auf Theorien bzw. Literatur aus verschiedenen wissenschaftlichen Disziplinen (Betriebs-, Volkswirtschaftslehre, Psychologie, Soziologie, Politologie, Jurisprudenz usw.) stützt, daß er eher an ökonomischen, verhaltenswissenschaftlichen oder rechtlichen Facetten seines Problems interessiert ist, daß er sich vor allem der theoretischen Erörterung oder aber mathematischer Modelle und statistischer Methoden bedient, Daten anderer verwendet oder selbst empirisch forscht etc. Ein Autor entzieht sich dem sonst später unweigerlich zu erwartenden Vorwurf, er habe das Problem nicht richtig im Griff gehabt, wenn er nicht zumindest andeutet, was er alles hätte untersuchen und methodisch versuchen können, wobei er aber aus darzulegenden Gründen nur einen ganz bestimmten Weg beschreiten konnte oder wollte.

Manch einer fühlt sich bemüßigt, ehe er richtig loslegt, auch noch seinen wissenschaftstheoretischen Standort zu fixieren. Er wird sich zum Kritischen Rationalismus, zum Konstruktivismus, zum Wissenschaftlichen Realismus oder zu was auch immer bekennen und sich daran messen lassen müssen. Er wird Methodenpluralismus propagieren und für Interdisziplinarität eintreten. Wer sich in der Wissenschaftstheorie nicht wirklich zu Hause fühlt, sollte besser die Finger davon lassen. Das Ganze könnte aufgesetzt wirken, ganz abgesehen davon, daß man dadurch Fußangeln auslegt, in die man selbst hineintreten könnte.

(2) Darauf folgt, was im angelsächsischen Raum allgemein „Lit Review" (Kurzform für: „Literature Review") genannt wird. Was haben andere über den Sachverhalt herausgefunden, zur Lösung des anstehenden Problems beigesteuert? Was ist von deren Methodik und Befunden zu halten? Im günstigsten Fall gibt es Theorien, die sich auf die Fragestellung anwenden lassen. Damit trägt man dem Postulat theoriegeleiteter Forschung Rechnung. Entweder ist der Fall damit erledigt, weil sich kein weiterer Informationsbedarf mehr abzeichnet, oder man stößt auf Ungereimtheiten, Unklarheit, Widersprüche, weltfremde Prämissen und eine untaugliche Operationalisierung von Begriffen, die Autoren ihren Überlegungen zugrunde gelegt haben. Nur dies würde weiteren Forschungsaufwand rechtfertigen. Es wäre sowohl unwirtschaftlich als auch verwirrend, finge ein Autor bei Null an und würde er seinen Beitrag nicht in den vorhandenen Wissensbestand einordnen, ganz zu schweigen von seiner Arroganz. Idealerweise endet dieser Teil mit bereits geprüften oder aber testbaren Hypothesen.

Ein Beispiel für eine Kern- oder Basishypothese, die die Grundlage für weitere, in „je – desto"-Form formulierte Hypothesen bildet, ist folgendes:

„Manager, die

– eine überdurchschnittliche psychische Distanz zu fremden Märkten oder Ländern bekunden,
– älter sind, ein geringeres Ausbildungsniveau aufweisen, Fremdsprachen weniger gut beherrschen und seltener ins Ausland reisen als ihre Kollegen,
– risikoscheu, rigide und änderungsunwillig sind sowie von längeren, berufsbedingten Auslandsaufenthalten negative Auswirkungen auf Familie und Karriere erwarten und
– sich gegenüber dem Export als einer möglichen Unternehmensstrategie grundsätzlich negativ eingestellt sehen,

sind nicht auslandsorientiert und werden unter vergleichbaren Bedingungen seltener eine Exporttätigkeit aufnehmen als auslandsorientierte Kollegen."

Geht es beispielsweise um die Frage, welche Determinanten für die Bindung von Abnehmern eines Automobilherstellers an das Unternehmen relevant erscheinen, so besteht Grund zur Annahme, daß Faktoren wie Kundenzufriedenheit und Wechselbarrieren dabei eine zentrale Rolle spielen. Im Hinblick darauf lassen sich folgende Hypothesen formulieren:

– „Wenn ein Hersteller langjährige Abnehmer bevorzugt behandelt, dann werden diese bei der nächsten Gelegenheit erneut ein Fahrzeug von ihm (statt einer konkurrierenden Marke) kaufen."
– Je zufriedener Abnehmer mit einem Fahrzeug einer bestimmten Marke sind, desto stärker ausgeprägt ist deren Bereitschaft, das nächste Mal ein Auto derselben Marke zu erwerben."

(3) Bedarf der Sachverhalt weiterer Aufklärung, folgt nun der Schritt, der über das Vorhandene hinausführt. Dies stellt den Kern jeder Arbeit dar, zugleich die von Prüfungsordnungen geforderte eigene wissenschaftliche Leistung. Gleichgültig, ob jemand seinen Gedanken freien Lauf läßt oder wohlstrukturierte Überlegungen anstellt, ob er ein Modell entwickelt und prüft oder empirisch forscht, ob er Experimente durchführt oder Simulationsstudien betreibt, muß er doch dem Leser neue Einsichten vermitteln. Alles andere wäre Schaumschlägerei und Ressourcenverschwendung. Solange sich jemand allerdings nicht von seinem Platz in einer Bibliothek wegbewegt, werden zumindest in den Wirtschaftswissenschaften die Chancen gering sein, daß er etwas hervorbringt, was die Fachwelt zu faszinieren vermag.

Steht im Mittelpunkt des zuletzt skizzierten Teiles ein mathematisches Modell, wird man dem an dieser Stelle ein oder mehrere Zahlenbeispiele folgen lassen. Manch einer hat Mühe, ein in Symbolen gefaßtes Gebilde zu verstehen, weshalb ihm an einer Illustration mit echten oder erfundenen Daten gelegen ist. Oft auch geht es darum zu zeigen, wie sich ein Modell bei extremen Zahlenkonstellationen verhält. Erzeugt es plausible Ergebnisse oder degeneriert die von jenem hervorgebrachte Lösung unter bestimmten Bedingungen?

(4) Zum Ausklang wird man vorzugsweise in einer Zusammenfassung die wichtigsten Ergebnisse zusammenstellen, auf noch offen gebliebene Fragen verweisen, eine Wiederholung bzw. Ausweitung der Studie empfehlen oder sich dafür rechtfertigen, daß sich das Vorhaben letztlich doch nicht so, wie es vorgesehen war, verwirklichen ließ. Man sollte andeuten, welche Konsequenzen sich aus den Befunden ergeben, welche Maßnahmen nun getroffen oder auch nicht ergriffen werden müßten, worauf man künftig zu achten oder was man sonst noch im Auge zu behalten habe.

(5) Bei größeren Arbeiten und Aufsätzen folgen als Abschluß etwaige Anmerkungen, ein Verzeichnis verwendeter Symbole, Fußnoten, soweit sie nicht schon auf den jeweiligen Seiten untergebracht wurden, und das Literaturverzeichnis, in dem alle in der Abhandlung verwendeten Quellen alphabetisch zusammengestellt sind. Gelegentlich gibt es auch noch einen Anhang, der verschiedene Elemente enthalten kann: Erscheint beispielsweise ein Aufsatz in einer Zeitschrift, in der mathematische Elemente nicht gerade verpönt, aber doch nicht so gern gesehen sind, wird man hier das Modell skizzieren, das zu den in der Abhandlung vermittelten Einsichten geführt hat. Oft finden sich an dieser Stelle auch Dokumente, Anschauungsmaterial (wie z.B. Originalabbildungen), Gesetzestexte, Protokolle, bei Erhebungen verwendete Frage-

bögen etc., deren Wiedergabe im Textteil stören würde. Hier ist auch
der Platz für den Ausweis von Rohdaten, dessen es im Einzelfall u. U.
bedarf, oder für weitere Auswertungen, die zwar wichtig sind, aber nur
noch einen Teil der Leser interessieren.

Ganz anders zu gestalten wäre beispielsweise eine Buchbesprechung.
Von jemandem, der das Werk eines anderen würdigt, würde man erwarten, daß er sich ernsthaft und konstruktiv mit diesem auseinander-
setzt, auf keinen Fall eine Gefälligkeitsrezension verfaßt und im übrigen folgende Fragen beantwortet:

- Was hat der Verfasser leisten wollen? Was hat er versprochen?
  Könnte er sich damit zuviel oder zuwenig zugemutet haben?
- Womit hat er sich tatsächlich beschäftigt? Hat er seine Ankündigung
  wahr gemacht? Fehlen wichtige Elemente?
- Inwieweit ist ihm sein Vorhaben gelungen? Es kommt durchaus vor,
  daß jemand z. B. einen sinnvollen Anspruch erhoben und diesen auch
  im Prinzip eingelöst hat, ohne indessen zu brillieren. Der Rezensent
  ist hier herausgefordert, ein zwischen Mittelmaß und herausragender
  Leistung liegendes Urteil zu fällen.

Exkurs: Kriterien für die Beurteilung von Manuskripten beim *Journal of Marketing*

Es wäre Wahnwitz, davon auszugehen, daß alle Arten von wissenschaftlichen Texten nach einem einheitlichen Strickmuster gestaltet
seien oder werden sollten. Immerhin läßt sich eine gewisse Vorstellung
davon gewinnen, worauf es ankommt, wenn man die Kriterien betrachtet, die Herausgeber und Gutachter des *Journal of Marketing* bei der
Prüfung von Manuskripten heranziehen, die dort zur Veröffentlichung
eingereicht werden. Im Bereich des Marketing handelt es sich dabei um
eine der zwei oder drei bedeutendsten Fachzeitschriften der Welt.
Einer der im Laufe der Jahre immer wieder einmal geringfügig geänder-
ten Kataloge sieht wie folgt aus (Übersetzung durch den Verf.):

I. Gehalt der Ausarbeitung

A. **Beitrag zum Wissensfortschritt**: Erweitert vorhandenes Wissen; baut
   frühere Arbeiten in einer bedeutsamen Weise aus; schlägt Brücke zu
   anderen, bereits veröffentlichten Studien.
B. **Bedeutung für Leserschaft**: Es herrscht derzeit großes Interesse an
   der Thematik; es handelt sich um ein interessantes Paradigma oder
   ein reizvolles Verfahren der Datenaufbereitung bzw. -auswertung.

C. **Breite und Tragweite:** Heuristischer Wert der Studie oder des vermittelten Überblicks; Implikationen für Theorie oder Praxis; Wert der Daten im Hinblick auf Verallgemeinerungsfähigkeit von Erkenntnissen.

II. Methodik

A. **Design der Studie:** Angemessenheit von Forschungsmethode, Probanden und eingesetzten Techniken; Angemessenheit der Operationalisierung von theoretischen Konzepten; Nachweis der Binnenvalidität und der externen Validität.

B. **Meßverfahren:** Angemessenheit von Meßkonzepten; Reliabilität und Validität von Meßkonzepten; Vertretbarkeit idiosynkratischer Meßkonzepte („idiosyncrasy" = Eigenheit, Eigenart, Besonderheit).

C. **Analyse:** Angemessenheit analytischer Techniken (z.B. im Bereich der Statistik); Angemessenheit der Interpretation der Untersuchungsbefunde; Ausmaß erkannter Wirkung.

III. Logische Stringenz

A. **Zweckmäßigkeit der Einführung in die Thematik:** Anschluß an vorhandene Literatur; Offenlegung und Verdeutlichung der dem Forschungsansatz zugrundeliegenden Annahmen; Klarheit der Stoßrichtung bei der Vorgehensweise.

B. **Konsistenz von Methode und Ergebnissen:** Methode in Übereinstimmung mit den Darlegungen in der Einführung; Ergebnisse im Einklang mit Hypothesen; Klarheit der Verbindung zwischen Methode und Befunden.

C. **Konsistenz von Argumentation und Folgerungen:** Erörterungen im Einklang mit Befunden; Erörterungen auf derselben Ebene wie Daten; Schlußfolgerungen als zulässige bzw. richtige Verallgemeinerung der Einzelbeobachtungen.

IV. Darstellung

A. **Sprache und Stil:** Angemessene und korrekte Sprache; richtige Grammatik; Klarheit; Präzision.

B. **Abbildungen und Tabellen:** Klarheit der Abbildungen und Tabellen; Angemessenheit der Abbildungen und Tabellen.

C. **Niveau der Darstellung:** Ausführungen auf einem Niveau der „sophistication" (= Kultiviertheit, Gepflegtheit, Eleganz, Raffiniertheit) und von einer Länge, die für die Leserschaft des *Journal of Marketing* passend erscheinen.

Die skizzierten Kriterien führen zu einem Beurteilungsschema der in *Tabelle 1* wiedergegebenen Art.

	trifft zu / trifft nicht zu	völlig unzureichend	größere Probleme	kleinere Probleme	angemessen	hervorragend
Klarheit des Anliegens						
Konzeptionelle Strenge						
Methodische Strenge						
Logik des Aufbaus						
Aufarbeitung der relevanten Literatur						
Diskussion der Ergebnisse						
Lesbarkeit						
Verhältnis Länge / Substanz						
	trifft zu/ trifft nicht zu	keine	trivial	bescheiden	groß	bahnbrechend
Bedeutung des Themas						
Bedeutung des Beitrags in vorliegender Form						
Bedeutung des Beitrags (möglicherweise, nach Überarbeitung)						

Tab. 1: Schema zur Beurteilung von beim Journal of Marketing zur Veröffentlichung eingereichten Manuskripten

II. Verpönte Arten von Aussagen

1. Die Vermengung zweier Sprachebenen

Wenn wir einen Gedanken in Worte fassen, geschieht dies auf einer von zwei Ebenen oder gelegentlich auch beiden. Im Rahmen der Objektsprache erklären, beschreiben wir etwas, werfen wir eine Frage auf, machen wir eine Aussage „zur Sache". Auf der Ebene darüber, der die Metasprache zuzuordnen ist, bewegen wir uns, sofern wir uns dazu äußern, was wir auf der Objektebene vorhaben bzw. zum Ausdruck zu bringen gedenken oder wie wir auf der objektsprachlichen Ebene getroffene Feststellungen kennzeichnen, einordnen, bewerten. Beide Kategorien sollte man sorgfältig voneinander trennen.

An einem einfachen Beispiel erkennt man auf Anhieb, worum es geht. Jemand entwickelt ein Optimierungsmodell. Dazu gehört auch, daß er die Prämissen, die dem Ganzen zugrundeliegen, dokumentiert und vielleicht auf weitergehende Überlegungen, etwa die praktische Umsetzung der vorgeschlagenen Lösung, hinweist. Der Aufsatz, in dem all dies dargelegt wird, ist wie folgt gegliedert:

1. Das Optimierungsproblem
2. Die Prämissen
3. Darstellung des Modells
4. Spezifikation des Zahlenbeispiels
5. Die Ableitung der Schlußfolgerungen

Eine Strukturierung wie diese findet man häufig; sie ist indessen inkonsistent. Mit „das Optimierungsproblem" und „die Prämissen" bewegen wir uns auf der Ebene der Objektsprache, während „Darstellung des Modells", „Spezifikation des Zahlenbeispiels" und „die Ableitung der Schlußfolgerungen" metasprachliche Äußerungen bilden. Das Problem löst man am besten so, daß man unter 3. „das Modell" oder „das Optimierungskalkül" schreibt, bei 4. „das Zahlenbeispiel" einführt und es bei 5. mit „Schlußfolgerungen" bewenden läßt.

Das Beispiel gibt Gelegenheit, auf einen weiteren, vor allem von Studierenden häufig begangenen Fehler hinzuweisen. Wenn bei 1., 2. und 5. jeweils der direkte Artikel verwendet wird, weshalb dann nicht auch bei 3. („die Darstellung ...") und 4. („die Spezifikation ...")? Während es indessen im Singular weitgehend in das Benehmen des Autors gestellt ist, ob er den direkten Artikel (der, die, das) verwendet, solange er bei einer der beiden Möglichkeiten bleibt, macht es einen Unterschied, ob man „Prämissen" oder „die Prämissen", „Determinanten" oder „die Determinanten", „Schlußfolgerungen" oder „die Schlußfolgerungen" schreibt. Sofern jemand „die Gründe für ..." nennt, nimmt er für sich in Anspruch, alle, die es überhaupt gibt, aufzuführen. Begnügt er sich mit „Gründen", so behandelt er zwar solche, aber nur die, die ihm einfallen oder ihm wichtig erscheinen.

• Insgesamt gaben 69,5% der Auskunftspersonen zu, gegen die Bestimmungen des Rabattgesetzes verstoßen zu haben.
  Sicherlich haben sie nicht gegen alle („die") Bestimmungen verstoßen. Im übrigen ist „gaben ... zu" statt „gaben ... an" Ausdruck schlechten Gewissens und ein Stück Wertung. Ob dies an dieser Stelle zulässig ist, hängt von dem Kontext ab.

Zurück zu den Sprachebenen: Es ist oft schwierig, hierbei nicht die Orientierung zu verlieren. Gleichzeitig beschleicht einen dabei nicht selten ein Störgefühl, was dazu führt, daß man einen Satz mehrmals liest. Stimmt er nun oder stimmt er nicht? Dazu ein Beispiel aus einer Diplomarbeit:

• Insbesondere das „Gewußt – wo" ist eine häufig gestellte Frage.
  Eine häufig gestellte Frage ist: „Wo finde ich dieses oder jenes?" Das „Gewußt – wo" ist aus der Sicht der Syntax das Subjekt des Satzes, semantisch ein Hinweis, keine Frage.

Die Syntax einer Sprache sorgt dafür, daß ein Satz grammatikalisch korrekt ist. Die Semantik befaßt sich mit der Bedeutung von Wörtern und Sätzen. Bringen diese im Einzelfall etwas Vernünftiges, Sinnhaftes, zum Ausdruck? Daneben gibt es noch die Pragmatik, die das Ganze in einen handlungsbezogenen Kontext einordnet (Näheres dazu bei *Raffée*, 1974, S. 18 ff.). Ein uralter Witz verdeutlicht, was damit gemeint ist.

Zwei Freunde treffen sich auf der Straße. Es entwickelt sich folgender Dialog:

A: „Wohin gehst Du?"
B: „Ins Kino!"
A: „Was spielt man?"
B: „Quo vadis?"
A: „Was heißt das?"
B: „Wohin gehst Du?"
A: „In ein chinesisches Restaurant."

Das letzte „Wohin gehst Du?" war nicht als Frage, sondern als Antwort auf die Frage, die vorausging, gedacht.

Im folgenden finden sich einige Textproben, die allesamt deshalb nicht stimmen, weil objekt- und metasprachliche Wendungen in unzulässiger Weise miteinander verknüpft werden.

- Genauere Quellenangaben werden auf Seite . . . angemerkt.
  „Quellen" werden angegeben, „Quellenangaben" allenfalls gemacht (stilistisch unbeholfen!). „Genauere" impliziert im übrigen, daß Quellen, wenn auch in ungenauer Form, bereits genannt wurden.

- Abbildung 10 zeigt eine Übersicht über die Haupt- und Subkriterien.
  Die Abbildung „stellt eine Übersicht dar" oder sie „zeigt die Haupt- und Subkriterien".

- Weitere Erkenntnisse lassen sich daraus nicht gewinnen, zumal Zahlen für die Jahre vor 19.. nicht in realen Werten ausgewiesen werden.
  Zahlen stellen reale, unechte oder sonstige Werte dar, werden aber nicht „in . . . Werten" ausgewiesen.

- Der quantitative Materialbedarf basiert auf . . . und den statistischen Aufzeichnungen des Materialverbrauchs der Vorperioden.
  Die „statistischen Aufzeichnungen" stören. Entweder fällt dieses Element weg, oder der „quantitative Materialbedarf" wird ähnlich eingekleidet. Der Bedarf basiert also nicht auf Aufzeichnungen, sondern auf dem Verbrauch.

- Diese allgemeinen Aspekte werden in der Ausarbeitung dieses Kapitels wieder konkretisiert, da durch ihre Kenntnis die Relevanz der vorliegenden Arbeit, ein praxisgerechtes Verfahren vorzustellen, hervorgehoben wird.
  Hier geht's wild durcheinander. Nicht in der Ausarbeitung, sondern in diesem Kapitel wird etwas konkretisiert, und auch nicht „wieder". Worauf sich „ihre Kenntnis" bezieht, kann man nur vermuten (allgemeine Aspekte). Hätte der Verfasser geschrieben „da durch ihre Kenntnis der Anspruch, ein praxisgerechtes Verfahren entwickelt zu haben, deutlich gemacht wird", wäre die Aussage halbwegs klar.

- Die landesspezifischen Rahmenbedingungen werden durch die „politisch-rechtlichen", „natürlich-technischen", „sozio-kulturellen" und „sozio-ökonomischen" Merkmale untersucht.
  Die Rahmenbedingungen werden entweder durch die diversen Merkmale konstituiert oder sie werden unter Heranziehung dieser Kriterien untersucht. Außerdem stellt das Pendant zu Natur nicht „natürlich", sondern „die Natur betreffend", „naturbezogen" etc.

dar. Nicht zuletzt besteht hier keinerlei Grund, Anführungszeichen zu verwenden.

• Da hier Grenzertrag und Durchschnittsertrag gegenübergestellt werden, eignet sich die Produktionselastizität zur exakten Charakterisierung der Krümmung des Kurvenverlaufs der betrachteten Funktion.
Erstens fragt man sich, was hier wem gegenübergestellt wird (einander?). Zweitens steckt das Element „der Krümmung" schon in „des Kurvenverlaufs". Drittens verläuft nicht „die Krümmung", sondern die Kurve nach oben oder unten. Zu fragen ist schließlich, ob eine Funktion einen „Kurvenverlauf" oder bloß einen „Verlauf" hat.

• Die exemplarische Anwendung enthält Ausführungen zum methodischen Vorgehen, in denen die verwendeten Methoden zur Informationsaufarbeitung beschrieben werden.
Die „Anwendung" kann doch keine „Ausführungen" enthalten. Gemeint ist wohl: „Im Rahmen der Darstellung der exemplarischen Anwendung finden sich Ausführungen zum methodischen Vorgehen, wobei dort auch die zur Informationsaufbereitung verwendeten Methoden beschrieben werden."

• *Ulf Hölscher* war der Solist in der Romanze F-Dur von *Ludwig van Beethoven*.
Der Solist war im Sende- oder Konzertsaal, in der Romanze waren möglicherweise musikalische Köstlichkeiten verborgen. Die Erläuterung hätte lauten sollen: „Liebe Hörerinnen und Hörer! Bei der Romanze in F-Dur von *Ludwig van Beethoven*, die wir Ihnen soeben zu Gehör brachten, spielte *Ulf Hölscher* den Solopart." Vielleicht auch so: „*Ulf Hölscher* war der Solist bei der Wiedergabe der Romanze ...". Das Wort „Wiedergabe" stellt hier durchaus ein Element der Objektsprache dar.

2. Appelle und Bekenntnisse statt Befunden

Ein Satz kann hinsichtlich der Absicht, die dessen Urheber mit dessen Mitteilung verfolgt, beschreibenden (= deskriptiven), erklärenden (= explikativen) oder auffordernden (= normativen) Charakter haben. Es ist unstrittig, daß es in den Sozialwissenschaften in erster Linie um die beiden ersten Spielarten von Aussagen geht. Man beschreibt Zustände, erklärt Zusammenhänge, zieht Schlüsse und all dies soll nachvollziehbar und intersubjektiv überprüfbar sein. Ein Leser sollte sich also in der Lage sehen, die Argumentation zu verstehen, was nicht „billigen" heißt, und er sollte diese prinzipiell auf ihre Richtigkeit hin überprüfen können.

Normative Wendungen sind nur unter ganz bestimmten Bedingungen zulässig. Einmal gilt dies für sog. praktisch-normative Feststellungen. Dies bedeutet folgendes: Wenn eine Argumentenkette mit einem Ziel beginnt, das axiomatisch in die Diskussion eingeführt, also nicht hinterfragt wird, bestehen keine Bedenken dagegen, zu sagen, man müsse diesen oder jenen Weg wählen, um das vorgegebene Ziel überhaupt oder in dem höchstmöglichen Umfang zu erreichen. Sofern also z.B. Gewinnmaximierung die oberste Maxime darstellt, verlangt dies, Strategie X zu verfolgen. Dies darf man dann auch so zum Ausdruck bringen.

In einem anderen Zusammenhang mit „sollen", „nicht dürfen" und „müssen" zu operieren, setzt voraus, daß der Autor seine Wertebasis offenlegt, dem Leser insbesondere nicht vorgaukelt, daß das, was er mitzuteilen wünscht, auf einer wissenschaftlich nicht anfechtbaren Ableitung beruhe, einstweilen gesicherte Erkenntnis verkörpere. Aus ähnlichen Gründen ist jede seriöse Tageszeitung bemüht, streng zwischen Nachricht und Kommentar, also zwischen einer möglichst objektiven, wertfreien Wiedergabe von Geschehnissen und deren Einordnung, Relativierung, Bewertung zu trennen.

Das Postulat der intersubjektiven Überprüfbarkeit impliziert, daß Sätze, die mit „ich meine, denke, glaube, bin überzeugt ..." beginnen, in einer wissenschaftlichen Abhandlung im allgemeinen tabu sind. Kein Mensch kann widerlegen, daß der andere dieses oder jenes meint, denkt, glaubt. Man braucht indessen nicht in das andere Extrem zu verfallen und Aussagen dieses Typs völlig aus der Wissenschaftssprache zu verbannen. Gelegentlich kann es gute Gründe dafür geben zu betonen, daß „ich" – im Gegensatz zu anderen – überzeugt bin, daß „ich" fest daran oder an jemanden glaube, mich nicht beirren lasse usw. Nur darf dies nicht unter dem Deckmantel logischer Strenge oder empirischer Offenkundigkeit geschehen (eingehend dazu *Raffée*, 1974, S. 44 ff.)

Eine Aussage muß auch informativ sein. Gibt es überhaupt Sätze, die diesem Anspruch nicht gerecht werden? Mehr als genug! Häufig entpuppt sich eine Feststellung als Seifenblase oder als eine verbrämte Banalität. Dazu eine Äußerung eines Sportreporters:

- Die Spielanteile beider Mannschaften sind verteilt.
  Was sonst? Andernfalls wäre das Spiel schnell zu Ende. Gemeint ist
  wohl: „gleichmäßig verteilt".

Ein Satz kann sprachlich korrekt, intersubjektiv überprüfbar, widerleg-
bar und informativ, aber dennoch problematisch, weil unpassend sein.
Als Beleg dafür ein Auszug aus einer Anzeige einer der größten Bera-
tungsgesellschaften der Bundesrepublik Deutschland:

- „Wer selbst Erfolg haben will, muß andere zum Erfolg führen können.
  Kaum einer weiß das besser als wir, die führende deutsche Top-
  Management-Beratung; denn vielen Unternehmen haben wir Wege
  aufgezeigt, noch erfolgreicher zu werden.
  Wir, das sind mehr als 460 hochqualifizierte Berater, herausragend
  analytisch und kreativ begabt, mit überzeugender persönlicher Aus-
  strahlung, mit exzellenten technischen und wirtschaftlichen Studien-
  abschlüssen, vielfach verbunden mit einer in der Praxis gewonnenen
  mehrjährigen Führungserfahrung.
  Alle sind kompente Partner des Managements in Fragen der Strategie, Organisation, Produktivität, des Personals und der Technologie-
  tätigkeit in Beratungsprojekten bei Unternehmen aller Branchen und
  Größenordnungen im In- und Ausland.
  Wenn Sie glauben, daß Sie in unser internationales Spitzenteam passen und überzeugt sind, daß Sie Erfolg haben wollen, dann schreiben
  Sie an . . ."
  Was hier abstoßend wirkt, ist die Selbstbeweihräucherung, die weit
  über das in der Branche zur Selbstdarstellung offenbar nötige und
  übliche Maß hinausgeht. Bei soviel vorhandener und geforderter
  Kompetenz wird sich kaum mehr jemand zu bewerben wagen.
  Reichlich übertrieben erscheint zudem, daß – man beachte den zwei-
  ten Satz – alle bei allem „kompetente Partner" sind. Tolle Typen!
  „Fragen des Personals" bedeutet im übrigen etwas ganz anderes als
  solche „des Personalwesens" und „Fragen der . . . Technologietätig-
  keit" klingt rätselhaft. Außerdem fehlt im letzten zitierten Satz ein
  Komma („Wenn Sie glauben, daß . . . und überzeugt sind, daß . . .").

3. Ehrlich währt am längsten

Viel von dem, was man in einer Ausarbeitung von sich gibt, ist nicht
Ergebnis eigenen Nachdenkens. Wer immer eine Anleihe bei anderen
aufnimmt, muß den Leuten, deren Gedanken, Konzepte, Modelle,

Verfahren, Meßtechnik etc. er sich zu eigen macht, Gerechtigkeit widerfahren lassen. Sie besitzen das geistige Eigentum daran. Es sind, kurz gesagt, die Quellen offenzulegen. Sich nicht daran halten heißt mogeln.

Was hat man anzugeben? Zunächst ist der Ausweis von Quellen unabdingbar, wenn man wörtlich und buchstabengetreu Sätze oder Satzfragmente von anderen übernimmt. Nicht anders ist zu verfahren bei sinngemäßer Verwendung von Ideen Dritter. Während man im ersten Fall die Quelle am Ende des Zitats einfach nennt, wird man im zweiten, je nach den Gegebenheiten, eine Floskel wie siehe, siehe auch, vgl., ähnlich, eingehend dazu, Näheres dazu bei, anderer Meinung ... vorschalten.

Wie verfährt man, wenn ein Zitat etwas Absonderliches oder einen Fehler enthält, auf das bzw. den man hinweisen möchte? Man fügt dann nach dem (letzten) entscheidenden Wort ein von Klammern umrahmtes „sic" ein, was aus dem Lateinischen stammt und nichts anderes als „so" bedeutet.

In Aufsätzen oder Büchern kommt es nicht selten vor, daß jemand eine Vielzahl von Quellen auflistet, auf die er sich angeblich stützt, die er aber von anderen, oftmals gar nur von einem einzigen Autor abgeschrieben hat. Er suggeriert so, daß er belesen sei, fleißig recherchiert, zahlreiche Möglichkeiten der Informationsgewinnung genutzt habe. In Wirklichkeit gaukelt er dem Leser, ob einem ihm Unbekannten, einem Kollegen oder einem Prüfer, etwas vor. Sofern dieser die Sache durchschaut, wird er dem Schreiber nicht sehr gewogen sein.

Der umgekehrte Fall ist gegeben, wenn beispielsweise ein Diplomand oder Doktorand nichts, aber auch gar nichts findet, was es sich aus dem gewiß reichhaltigen Oeuvre seines Betreuers zu zitieren lohnte. So jemand demonstriert genausoviel Menschenkenntnis wie ein Lehrling, der seinen Zahnarzt, Dr. med.dent. et Dr.med., mit „Herr *Maier*" anspricht.

Ein ganz heikles Kapitel stellt der Ausweis eigener Publikationen dar. Muß, soll, darf man auf sein eigenes früheres Schaffen hinweisen? Einmal führt kein Weg daran vorbei, wenn man tüchtig von sich selbst abgeschrieben hat. Dies ist keineswegs verboten oder auch nur unfein, sofern man gute Gründe dafür hat, dem Leser gegenüber fair bleibt und ihm nicht vorspiegelt, daß das, was er jetzt vorgesetzt bekommt, neu sei. Sich selbst zitieren wird man zum anderen dann, wenn es sich wirklich um Schlüsselpublikationen handelt, Veröffentlichungen also, die richtungweisend waren, einen Paradigmawechsel einleiteten oder von anderen immer wieder zitiert werden. Allgemein bekannte Begriffe oder Konzepte an eigenen Schriften festzuzurren, sie also mit einem Eigentumsstempel zu versehen, ist anmaßend und durch nichts zu rechtfertigen. Wenn sich im übrigen jemand zu häufig selbst zitiert und Publikationen anderer offenkundig kaum zur Kenntnis nimmt, will er eigene Bücher verkaufen oder der Fachwelt, die es immer noch nicht begriffen hat, mit dem Holzhammer einbleuen, wie bedeutend sein Schaffen sei.

Was zitiert oder belegt man besser nicht? Es gibt gute Gründe dafür, sich gelegentlich in einführenden Lehrbüchern oder in Wirtschaftslexika zu informieren, dies zumal dann, wenn dort auch weiterführende Literatur zu finden ist, die einem hilft, sich ein Sachgebiet zu erschließen. Dies offen zuzugeben, gar daraus zu zitieren, unterlasse man aber besser; denn wer auf diese Art Quellen zurückgreifen muß, die schon von ihrer Anlage her nicht in die Tiefe gehen können, verrät damit, daß er den Zustand der Ahnungslosigkeit noch nicht überwunden und zudem die Mühe gescheut hat, ad fontes, zu den eigentlichen Quellen, vorzudringen.

Wie viele Schriften zitiert man? Wird eine Ansicht, auf die man sich beruft, von vielen geteilt, hat man eine Auswahl zu treffen. Welche der einschlägigen Publikationen sind wichtig, welche der Autoren, auf die man sich bezieht, haben in der (Fach-) Öffentlichkeit Einfluß? Was ist bedeutende, was triviale Literatur? Wer zuviel zitiert, dokumentiert damit, daß er nicht in der Lage ist, Wichtiges von Unwichtigem zu trennen. Der Fall ist jedoch ganz anders zu beurteilen, wenn es um juristische Streitfragen geht oder wenn man gegen die sog. herrschende Meinung anrennt. Hier wird man gut beraten sein, so viele Sympathisanten um sich zu scharen, wie man überhaupt zu mobilisieren vermag. Nach arteigenen Spielregeln verfahren auch Autoren, die sog. Lob-, Zitier- und Berufungskartellen angehören (möchten).

Es kann im übrigen nicht schaden, auch ausländisches Schrifttum heranzuziehen. Deutschland ist nicht der Nabel der Welt. Daran ist z.B. überall dort nicht vorbeizukommen, wo man sich mit Fragestellungen befaßt, die im Ausland angesiedelt sind. Beschäftigt sich jemand z.B. mit dem japanischen Management oder fernöstlicher Produktionstechnik, wäre er gut beraten, zumindest englischsprachige Publikationen von Japanern auszuwerten (wer kann schon Japanisch?) und nicht nur von Leuten gefiltertes Wissen heranzuziehen, die ihre Kenntnisse auch nur von anderen erworben haben.

Wie soll der Nachweis aussehen? Man kann Fußnoten oder das sog. *Harvard*-System verwenden. Fußnoten finden sich am unteren Rand einer Seite oder, in gebündelter Form, am Ende eines Beitrages, Kapitels etc., während beim *Harvard*-System Quellen im Text selbst, und zwar in Klammern, kompatibel mit dem der Ausarbeitung folgenden Literaturverzeichnis und so kurz, daß der Lesefluß nicht behindert wird, ausgewiesen werden.

Es gibt, vor allem bei Veröffentlichungen mit juristischem Einschlag, Publikationen, bei denen die Fußnoten oft mehr Platz pro Seite als der eigentliche Textteil einnehmen. In den Wirtschaftswissenschaften würde dies als Mißverhältnis betrachtet und gälte, wenn nicht im Einzelfall gravierende Gründe dafür sprechen, als verpönt. Alles, was wichtig ist, gehört in den Corpus der Ausarbeitung; Fußnoten sind dazu da, Quellen auszuweisen, auf keinen Fall dienen sie dazu, Aspekte zu vertiefen, deren Behandlung „oben" stören würde. Jeder Leser verzweifelt, wenn er dauernd zwischen eigentlicher Abhandlung und Fußnoten hin und her springen muß. Er wird die fragliche Publikation in die Ecke schleudern und deren Autor zum Teufel wünschen. Leute freilich, die sich, etwa weil sie als Prüfer fungieren, der Lektüre nicht zu entziehen vermögen, sind Musterbeispiele von Unvoreingenommenheit und über jede emotionale Anfechtung dieser Art erhaben.

III. Die Last mit der Logik

1. Mit Konsequenz ins Chaos

Das, was logisch richtig wäre, ist oft sprachlich völlig falsch. (Schon im ersten Satz barer Unsinn: Wenn „falsch" falsch heißt, wozu dann noch „völlig"?) Dies hängt damit zusammen, daß der Wortschatz der deutschen Sprache im Laufe der Jahrhunderte gewachsen und nicht als konsistentes System konzipiert worden ist. Einige von *Günther Drosdowski* (1992), *Wolf Schneider* (1982) und vom Autor wahllos zusammengetragene Beispiele illustrieren, daß sich die Lage ziemlich verworren darstellt. Diese betreffen zunächst Wörter, später stilistische Mißgriffe.

Auf einem Fischmarkt werden Fische, im Phonomarkt Phonogeräte verkauft, in einem Verbrauchermarkt aber keine Verbraucher. Apfelsaft besteht aus Äpfeln, Hustensaft nicht aus Husten. Der Schoßhund sitzt auf dem Schoß von Frauchen, der Schäferhund aber nicht auf dem Schäfer. Wenn jemand als Vertreter seines Landes ins Ausland gesandt oder geschickt wird und überdies seine Sache gut macht, ist er ein Gesandter, doch kein Geschickter, aber ein geschickter Gesandter. Ein Bett, in dem **ein** Kind liegt, bezeichnen wir als Kinderbett, im Kindbett dagegen liegt die Mutter (hoffentlich nicht mit Fieber), die gerade von Nachwuchs entbunden worden ist.

Jemand, der Pilze sammelt, ist ein Pilzsammler, einer, der Großwild jagt, ein Großwildjäger. Ein Bauernfänger aber fängt keine Bauern. Ein Buch beginnt zumeist mit einem Vorwort, obwohl hier **viele** und noch dazu Worte **verloren** werden, ohne daß sie gesucht werden müßten. Jemand, der ein solches Buch macht, ist beileibe kein Buchmacher. Wer Rauchwaren vertreibt, handelt nicht notwendig mit Tabakerzeugnissen, sondern eher mit Pelzen.

Ein Junggeselle ist kein junger Geselle, sondern ein (noch) nicht verheirateter Mann, sein Vaterhaus nicht das Haus seines Vaters, sondern das, in dem er geboren wurde und seine Kindheit verbracht hat. Ein Bienenstich schmerzt nicht, sondern schmeckt gut. Eine Milchmädchenrechnung hat weder etwas mit Milch noch mit Mädchen zu tun; gerechnet wird dabei auch nicht. Es handelt sich vielmehr um eine naive Überlegung, eine Erwartung, die auf einem Trugschluß beruht.

In der Regel kehrt die Hinzufügung der Vorsilbe „Un-" den Sinn des ursprünglichen Wortes um: Recht – Unrecht, Ruhe – Unruhe, Sinn – Unsinn, dicht – undicht, tadelig – untadelig. Gleichermaßen negativ besetzt sind Unding, Unstern, Unwetter und Unzeit. Unkosten sind dagegen auch nur Kosten. Eine Unmenge ist eine riesengroße Menge, eine Unmasse etwas, was sich nicht mehr zählen, messen oder wiegen läßt. In einer Untiefe aber kann man entweder ersaufen oder nicht schwimmen, weil das Wort sowohl große Tiefe als auch seichte Stelle bezeichnet. Und Garn gibt's auch in Ungarn. In ähnlicher Weise assoziiert man normalerweise mit allem, was mit „Miß-" beginnt, etwas Unersprießliches (z.B. Mißklang, Mißkredit, Mißmut, Mißstimmung, Mißtrauen, Mißverständnis, Mißwirtschaft), aber nicht mit Mißwahl. Dies ist keine verunglückte Wahl, auch keine Damenwahl, sondern hier wird eine Miss zur Schönheitskönigin gekürt. Der „Betreffende" müßte „Betroffener" heißen; gibt er sich als solcher, heißt dies, er sei voll des Mitgefühls oder wirke erschrocken.

Wenn ein Gefäß einen Inhalt hat, beinhaltet es Wasser, Wein etc. „Beumfangen" gehört dagegen nicht zum Vokabular der deutschen Sprache. Jemand, der die Gegenwart auf sich einwirken läßt, vergegenwärtigt sich etwas. „Vergangenheiten" und „verzukünftigen" sind dagegen nicht vorgesehen. Manch einer muß die Nacht in einem Hotel verbringen; er nächtigt dann dort. Dehnt er seinen Aufenthalt auf den nächsten Tag aus, heißt das noch lange nicht, daß er dort tagt.

Die *OPEC*-Konferenz in Genf, schreiben die Zeitungen, drohe zu scheitern. Als ob wir nicht froh darüber wären, wenn sie scheitern würde! Denn dann blieben die Benzin- und Heizölpreise stabil. Statt „droht zu scheitern" müßte die Schlagzeile lauten: „Scheitern der *OPEC*-Konferenz keineswegs sicher". Derselben Logik folgend, haben wir allen Grund, uns darüber zu wundern, daß das „Attentat mißglückt" sei. Bedauert das Fernsehen etwa, daß es nicht geglückt ist?

Wenn der Meteorologe vom Dienst am Ende der Fernsehnachrichten verkündet, der Schnee ziehe sich in höhere Lagen zurück, atmen Autofahrer auf. In Mannheim und Umgebung kann man das Naturwunder indessen nicht beobachten; denn dort schmilzt der Schnee, wenn es wärmer wird.

Den sozialen Besitzstand verteidigt man, nicht weil das, was man hat, mitmenschliche Züge trüge, sondern weil offenbar die sozialen Errungenschaften, deren man sich erfreut, in Gefahr geraten, abgebaut zu werden. Ein atlantischer Tiefausläufer ist nicht einer, der rennt, oder etwas, was undicht wäre, sondern ein Tiefdruckgebiet weit draußen auf dem Atlantik, jedoch mit einem Ausläufer, einer Art Nebenstelle, die uns in den nächsten Stunden oder Tagen die Stimmung vermiest.

Alle unsere Weinflaschen bewahren wir, wenn sie leer sind, bis zur Lieferung neuen Weines auf. Trotzdem läßt sich nichts daran ändern, daß der Wein jetzt alle ist. Einmal heißt also „alle" viel, das andere Mal, zumindest in der Umgangssprache, nichts. Ein ähnlicher Fall: Wenn eine Bestimmung „erlassen" wird, fühlt man sich beschwert, wird eine Strafe „erlassen", erleichtert.

„Rote Armee" wird groß-, „katholische Kirche" klein-, „zu tief" auseinander- und „zutiefst" zusammengeschrieben. Der Plural von Baby heißt Babys, der von Dandy Dandys, aber bei Party sind sowohl Partys als auch Parties erlaubt. Bei „der Student war entschlossen zu arbeiten" wird keines und bei „der Student kam nach Mannheim, zu arbeiten" wird ein Komma gesetzt. Da soll sich einer noch auskennen!

Das folgende Beispiel leitet schon zum nächsten Abschnitt über. Das Adjektiv „weit" läßt sich steigern (weiter, am weitesten), „gehend", das Partizip I von „gehen", allerdings nicht. Und doch kann eine Maßnahme weitgehendere Folgen haben, als man zunächst annahm.

Welche Schlüsse lassen sich aus all dem ziehen? 1. Wer in sprachlicher Hinsicht Zweifel hat, kann sich nicht unbedingt auf die Logik verlassen. 2. Bei all dem, was sich an sprachlichen Unsitten eingebürgert hat, gegen den Strom zu schwimmen, wäre ebenso heroisch wie hoffnungslos. Man sollte indessen nicht dazu beitragen, die Sammlung sanktionierter Fehlgriffe noch zu vergrößern.

2. Das kategoriale Adjektiv

Ein kategoriales Adjektiv ist eines vom Typ „schwanger". Es läßt sich nicht halbieren oder verdoppeln. Dennoch wird nach Herzenslust dagegen verstoßen.

- Ein Pufferlager dient dazu, aufeinanderfolgende Arbeitsstationen unabhängiger voneinander zu machen.
  Mehr als „unabhängig" geht nicht.

- Die Grenzen sind durchlässiger geworden.
  Wann sind sie am durchlässigsten?

- Die globaleren Ziele und Maßnahmen werden sehr viel vager und inhaltsleerer, als das auf der jeweiligen Hierarchieebene nötig wäre.

„Leer" kann nicht gesteigert werden; bei „global" und „vage" ist die Sache zumindest problematisch. Wenn aber schon „inhaltsleer", dann wird dem „vage" jede Daseinsberechtigung entzogen. Weil „leer" leer bedeutet, können auch nicht „Kirchen immer leerer" werden, wie eine Tageszeitung mehr als einmal den Rückgang der Zahl der Gottesdienstbesucher in einer Artikelüberschrift charakterisierte.

- Die Entführung der *Air France* Maschine wird zunehmend undurchsichtiger.
  Hier wird gar doppelt gemoppelt. Die ansteigende Intensität, die es bei „undurchsichtig" gar nicht geben kann, kommt bereits in dem „zunehmend" zum Ausdruck. Bei „zunehmend undurchsichtig" würde wahrscheinlich wenigen etwas auffallen.

- Die Welt wird ohnehin unüberschaubarer.
  Von der Sache her vielleicht richtig, aber logisch eine Katastrophe: Der Satz findet sich – unbeanstandet – in einem Buch mit dem Titel *„Deutsch für Profis"*.

- ... während eine weitere Antenne ... das Programm der „Voice of Germany" in Japan, China, Australien und Neuseeland hörbarer macht.
  Entweder kann man das Programm der *Deutschen Welle* hören oder nicht. Dank der Installation eines stärkeren Senders wird man es vielleicht besser oder störungsfrei hören, aber „hörbarer" wird es deshalb nicht. Viele Leute würden „hörbar" im übrigen auf die inhaltliche Qualität, nicht die Empfangsstärke beziehen.

- ... eine Produktionsfunktion, die den Zusammenhang zwischen effizienten Faktorkombinationen und Ausbringungsmenge allgemeiner beschreibt, ...
  Hier mangelt es dem Autor an Mut, sich hinsichtlich der Allgemeingültigkeit präzise festzulegen. „Allgemein" und „allgemeingültig" lassen sich nicht steigern.

- Eine Belastungsprobe für das neue Handelssystem ist der Trend zu immer umspannenderen Freihandelszonen und regionalen Wirtschaftsgemeinschaften.
  Umspannen sie nun den Globus oder nicht?

- Zu spät, zu wenig, zu wirkungslos (Überschrift auf der Titelseite von *Die Zeit*).
  „Spät" und „wenig" lassen sich steigern, nicht dagegen „wirkungslos". Deshalb gibt es kein „zu wirkungslos".

- Ärzte sollen in den Praxen präsenter sein.
  „Präsent" heißt „anwesend". Anwesend, anwesender, am anwesendsten!?! Die *FAZ* trägt zur Weiterentwicklung der deutschen Sprache bei. Das auch im nächsten Fall!

- Durch die Millionen der Männer aus Medellin und Cali wurden die kolumbianischen Regierungen immer unglaubwürdiger und die kolumbianische Gesellschaft immer doppelbödiger.
  Unglaubwürdiger und doppelbödiger – unglaublich und bodenlos!

- Auf der anderen Seite ist London der Platz, an dem die Traditionalisten und die Neuerer sich am öffentlichsten über die Frage der Priesterweihe für Frauen zerstritten haben.
  Öffentlich, öffentlicher, am öffentlichsten!?! Auch das in der *FAZ!*

- Das Programm bietet keinerlei weitergehendere Möglichkeiten, ...
  Richtig wären „weitergehende" und, obwohl unlogisch, vielleicht auch „weitgehendere".

- Die *Dasa* ist dasjenige Unternehmen, das der amerikanischen Währung am unmittelbarsten ausgesetzt ist.
  Es gibt „mittelbar" und „unmittelbar", aber weder vom einen noch vom anderen eine Abschwächung oder Steigerung. Außerdem leidet die *Dasa* nicht unter dem Dollar, sondern unter dessen Verfall.

- Herr *Huber* hat alle Aufgaben zu unserer vollsten Zufriedenheit erledigt.
  Dieser Fall ist problematisch, weil Personalchefs einen Geheimcode entwickelt haben, den sie bei der Abfassung von Zeugnissen verwenden. Nach diesem ist „volle Zufriedenheit" nur die zweithöchste Stufe.

- Denn sie offenbaren ihnen eines der bestgehütetsten Geheimnisse des Westens: die Konstruktion von Super-Chips.
  Da hat die Schlußredaktion der *Wirtschaftswoche* geschlafen. Es muß „bestgehüteten" heißen.

Parallel zum kategorialen Adjektiv gibt es auch Substantive vom Typ „entweder – oder":

- 20,3% gehen von einer mittleren Einhaltung des Gesetzes aus, während ... meinen, ...
  „Einhaltung" bedeutet, daß das Gesetz beachtet wird. Eine Abstufung in gering, mittel oder hoch ist logisch nicht möglich.

3. Der falsche Bezug

In den folgenden Fällen stimmt zwar zumeist die Grammatik, doch hapert es an der Erfüllung anderer Erfordernisse. Logische Schnitzer bezüglich der Satzstellung, Fehler bei der Verknüpfung einer Präposition mit dem zugehörigen Objekt, Ungeschicklichkeit bei der Verzahnung von Satzteilen, Inkonsistenz hinsichtlich der gewählten Sprachebene oder Kombinationen von Pannen dieser Art bilden die am häufigsten vorkommenden Störfälle.

• Zwar ist die Relevanz dieser Hinweise abhängig von der Unternehmensgröße, doch im Sinne eines planmäßigen und kontrollierbaren Vorgehens nicht ohne Interesse.
Sind die Hinweise oder die Relevanz von Interesse? Wenn letzteres, handelt es sich um einen Pleonasmus; denn wenn etwas relevant ist, erscheint es auch von Interesse. Im übrigen wäre „hängt . . . ab" allemal besser als „ist . . . abhängig".

• Zum einen betreibt sie eine Vorratshaltung, deren Menge Ende der 90er Jahre auf . . . gestiegen sein wird.
Nicht das Halten wird gestiegen sein, sondern die Vorräte werden auf irgendeine Größe anwachsen. Einwandfrei wäre eine Formulierung wie: „ . . . unterhält sie Vorräte, deren Menge . . . erreichen wird."

• Um die Einteilung einer Erkundung ausländischer Märkte in diese drei Objektbereiche aufrechtzuerhalten, kann die . . . Umschreibung nicht übernommen werden.
Offenkundig sollen ausländische Märkte, nicht aber die Erkundung eingeteilt werden. Abgesehen davon erschließt sich der Sinn der Aussage ohnedies nur schwer.

• In die gesetzliche Rücklage sind . . . solange 5% des Jahresüberschusses (evtl. abzüglich eines Verlustvortrages) einzustellen, bis die Rücklage mindestens 10% des Grundkapitals erreicht hat.
Im Klammerausdruck ist die Reihenfolge der Wörter falsch. Es muß heißen „abzüglich eines etwaigen Verlustvortrags"; denn das „evtl." stellt den Abzug in das Belieben dessen, der für die Erstellung der Bilanz verantwortlich ist.

• In Fertigungsbetrieben muß aus dem Primärbedarf der zu dessen Produktion erforderliche Bedarf an Rohstoffen . . . abgeleitet werden.
Bedarf wird befriedigt, nicht produziert. Besser wäre: „ . . . müssen der Primärbedarf bestimmt und aus diesem die zu dessen Befriedigung erforderlichen Mengen an . . . abgeleitet werden."

- Die Umweltbelastung des Tourismus wird immer kritischer gesehen.
  Welt verkehrt! Hier belastet die Umwelt den Tourismus statt dieser
  die Umwelt, wie die *FAZ* eigentlich meinte. Also: „Die durch den
  Tourismus hervorgerufene Umweltbelastung . . ."

- Hierdurch soll eine möglichst kostengünstige Anpassung der Beschäftigungsänderungen erreicht werden.
  Angepaßt werden sollen nicht **die** Beschäftigungsänderungen, sondern die Produktionsfaktoren **an** die sich ändernde Beschäftigung.

- Im Jahre . . . war die Bundesrepublik Deutschland der größte Impor-
  teur Südafrikas vor Kanada, . . .
  Es muß heißen: „. . . lag die Bundesrepublik Deutschland bei den
  Importen Südafrikas an erster Stelle, gefolgt von Kanada, . . ."

- Bei nicht automatisierter Datenverarbeitung wird die Plausibili-
  tätsüberwachung fallweise durchgeführt, während im Bereich der
  automatisierten Datenverarbeitung programmierte Verfahren die
  Plausibilität der Eingabe, Verarbeitung und Ausgabe von Daten
  ständig überwachen.
  Es geht um die Plausibilität der eingegebenen, verarbeiteten und
  ausgegebenen Daten, nicht um die der Eingabe usw. Im übrigen wäre
  „überwachen" schöner als „Überwachung durchführen".

- Zwischen den Organisationseinheiten finden Transporte statt, wobei
  im allgemeinen die Richtung des Transports keine Rolle spielt und
  damit auch keine unterschiedlichen Kosten verursacht.
  Zum Ausdruck gebracht werden soll offenbar, daß die unterschiedliche Richtung, in die Ware befördert werden muß, die Transport**höhe**
  nicht beeinflußt.

- Je später Materialfehler aufgedeckt werden, um so höher sind die
  dadurch bedingten Kosten.
  Wenn es nicht heißt „. . . sind die durch sie bedingten Kosten", wird
  der Vorgang auf die Aufdeckung statt auf die durch Materialfehler
  hervorgerufenen Kosten bezogen. Außerdem folgt auf „je" ein
  „desto".

- Die Entstehung des Bruttoinlandsprodukt gliedert sich in die drei
  Bereiche Primär-, Sekundär- und Tertiärsektor.
  Aufgegliedert wird nicht die Entstehung, sondern das Ergebnis, das
  Bruttoinlandsprodukt. Außerdem fehlt bei diesem Substantiv das
  Genitiv–s.

- Die Eskalation der Gewalt in Algerien hat erneut mehrere Todesopfer gefordert.

  Nicht die „Eskalation . . .", sondern die Gewalt hat Todesopfer gefordert.

- . . . soll deshalb eine Beziehungsanalyse zwischen dem Bruttosozialprodukt und dem verfügbaren Einkommen vorgenommen werden.

  Es geht nicht um „eine Beziehungsanalyse zwischen . . .", sondern um „eine Analyse der zwischen . . . und . . . herrschenden Beziehungen". Viel besser als „Analyse vornehmen" wäre im übrigen „analysieren", „untersuchen" oder „erforschen".

- Einige der Vorkommen und deren geschätzten Mengen zeigt eine Übersicht in Tabelle 2.

  Zunächst ist bei „geschätzten" das „n" zuviel an Bord. Der Satz würde besser lauten: „Einen Überblick über einige der Vorkommen einschließlich der für diese veranschlagten Mengen vermittelt Tabelle 2." Die Tabelle zeigt nicht eine, sie ist die Übersicht. Völlig astrein erscheint diese Formulierung auch nicht: Zum Vergleich: Ich gewinne allmählich die Übersicht über . . .

- . . . und damit ein transparenter Vergleich mehrerer Alternativen möglich ist.

  Ein Vergleich erzeugt u. U. Transparenz, aber es gibt keinen „transparenten Vergleich", jedenfalls nicht in dem hier gegebenen Zusammenhang. Außerdem ist bei „Alternative" Vorsicht geboten; denn eine solche umfaßt zwei oder mehr Optionen. Beispielsweise würden zwei Alternativen mindestens vier Möglichkeiten implizieren.

- Südafrikas Chromproduktion ist nur an zweiter Stelle nach . . ., und es hat ungefähr 81% der Weltreserven.

  „Südafrika nimmt in der Weltproduktion hinter . . . nur den zweiten Platz ein, obwohl es über rund 81% der Chromreserven verfügt."

- Auch in diesem Jahr konnten die Aufträge wieder beachtliche Zuwächse verzeichnen.

  Wer konnte verzeichnen: die Aufträge oder die Leute, die sie hereingeholt haben? „Zuwächse" klingt wie „Gewächse", ist aber gleichwohl falsch. Das Unternehmen freut sich über den „Zuwachs" bei der Zahl der Aufträge. Bekommt etwa eine Familie „Nachwüchse" oder „Nachwuchs"?

- Die Kriterien 10), 12) können damit unter dem Subkriterium „Struktur der Bedarfsträger" und die Kriterien 13), 14) unter das Subkriterium „Einkommens- und Konsumstruktur" subsumiert werden.
  Einen Aspekt subsumiert (beachte: nur **ein** „m"!) man einem anderen. Seltsamerweise werden hier Kriterien einem Subkriterium subsumiert, statt umgekehrt. Inkonsistent ist es darüber hinaus, wenn es einmal „unter dem" und das andere Mal „unter das" heißt. Schließlich sollten die Zahlen durch ein „und" statt durch ein Komma miteinander verbunden werden.

- Schließlich kann ein Lieferbereitschaftsgrad von 95% bei einer geplanten Servicezeit von 3 Tagen mit einem Lieferbereitschaftsgrad von 100% bei einer realisierten Servicezeit von 6 Tagen kompatibel sein. Die restlichen 5% werden dann eben am 4., 5. und 6. Tag ausgeliefert.
  Die restlichen 5% wovon? Vom Lieferbereitschaftsgrad ?!? Außerdem schreibt man Zahlen bis zwölf in der Regel aus, soweit ihnen nicht eine Dimension wie DM, kg oder % folgt. (Dort, wo die Uhr „6" anzeigt, darf man auch „6" schreiben.)

- Meist vertraglich gebunden und von ihren Großabnehmern unter permanenten Konkurrenzdruck gesetzt, sind Preiserhöhungen illusorisch.
  So, wie es dasteht, sind „Preiserhöhungen vertraglich gebunden und von ihren Großabnehmern" unter Druck gesetzt. Hier hapert's am Bezug.

- Reaktanz ist ein motivationaler Spannungszustand, der darauf gerichtet ist, sich der bedrohten Einengung der Verhaltens- und/oder Meinungsfreiheit zu widersetzen.
  Die Einengung ist nicht bedroht, sie droht dem davon Betroffenen (also: „... sich/der drohenden Einengung ...").

- Bei rein quantitativer Anpassung sind die Steigungen der Kostenfunktion während der zeitlichen Anpassung in allen Intervallen gleich.
  Wenn der Satz wahr wäre, gäbe es in jedem Intervall mehrere, aber für alle Intervalle gleiche Steigungen. Der Singular ist hier geboten.

- Diese Mindestgrenzen bilden potentielle Abbruchstellen, wenn die Erkundung und Bewertung einzelner Kriterien diese Untergrenzen nicht erreichen.
  Nicht die Erkundung und Bewertung, sondern allenfalls bestimmte, einzelnen Kriterien zugeschriebene Bewertungen bilden Abbruchstellen.

- Die Variablen wurden in sechs Klassen eingeteilt, wobei die Klassenbildung unter Zuhilfenahme ihrer Häufigkeitsverteilung gebildet wurden.

  Hier „wurden" die „Klassenbildung ... gebildet"; außerdem geschieht dies nicht „unter Zuhilfenahme ihrer Häufigkeitsverteilung". Ohne Kenntnis des Kontexts läßt sich kaum eine passende Formulierung finden. Vielleicht so: „... eingeteilt, wobei man sich an der Häufigkeitsverteilung der einzelnen Größen orientierte."

- Beim Verfahren der exponentiellen Glättung wird eine Bedarfsvorhersage auf der Grundlage eines gewogenen arithmetischen Mittels aus dem Vorhersagewert der vorangegangenen Periode und dem tatsächlich eingetretenen Ereignis gebildet.

  Hier führt Nachlässigkeit beim Formulieren dazu, daß die Aussage auch inhaltlich nicht stimmt. Es muß heißen: „... eines gewogenen arithmetischen Mittels aus dem Beobachtungswert der Periode t und dem durch Glättung gebildeten Mittelwert der Perioden t − 1, t − 2, ..., t − i."

- Eine Rechtsnorm wird in der Regel zur Erreichung ihrer Ziele Auswirkungen z.B. auf den Wettbewerb oder die nationale Wohlfahrt mit sich bringen.

  Die Ziele verfolgt nicht die Rechtsnorm, sondern der, der sie erlassen hat. Deshalb muß es heißen: „... zur Erreichung der mit ihr verfolgten Ziele ...". Der Satz ist selbst dann noch aus stilistischen Gründen nur zweitklassig: „Zur Erreichung" und „Auswirkungen mit sich bringen" klingen geschraubt. Außerdem gibt es von „Auswirkung" keinen Plural.

- Der objektiv entscheidungsrelevante Informationsbedarf stimmt nur selten mit der subjektiven Informationsnachfrage überein. Das trifft ebenso für das Informationsangebot zu. Dieser ist häufig durch Informationsüberfluß, aber zuweilen auch durch Informationsrationierung gekennzeichnet.

  Harte Kost! Einwandfrei wäre folgende Feststellung: „Der objektiv entscheidungsrelevante Informationsbedarf stimmt ebenso wie das objektiv erforderliche Informationsangebot nur selten mit der tatsächlichen Informationsnachfrage überein. Dem tatsächlichen Bedarf stehen häufig ein Informationsüberfluß, zuweilen aber auch ein Informationsdefizit gegenüber."

- Die Vorstellung eines mündigen Verbrauchers vermittelt ein völlig falsches Bild.

Wird hier ein mündiger Verbraucher vorgestellt, der ein falsches Bild vermittelt, oder vermittelt die Vorstellung von der Existenz eines mündigen Verbrauchers ein falsches Bild von der Wirklichkeit?

- Das Gleiche gilt auch für die Erhebung von Gebrauchtwagendaten, die von Privat an Privat verkauft werden.
Das „auch" ist redundant, und verkauft werden natürlich nicht Daten, sondern Autos.

- Die Entwicklung von Anlage- und Umlaufvermögen liefert absolut und im Verhältnis zueinander betrachtet wesentliche Aufschlüsse.
Das „im Verhältnis zueinander" bezieht sich auf „Entwicklung". Es muß deshalb etwa wie folgt heißen: „... liefert sowohl absolut betrachtet als auch dann, wenn man die beiden Größen zueinander in Beziehung setzt, wesentlichen Aufschluß über ...".

- Der Kritik des elementaristischen Ansatzes im Rahmen der Werbemittel-Erfolgsprognose ist vorbehaltlos zuzustimmen.
Hier kritisiert der Ansatz, statt daß er kritisiert wird. Es muß heißen: „Der Kritik am ... Ansatz ..."

- Die vorliegende Arbeit machte den Versuch, die Notwendigkeit ... aufzuzeigen.
Nicht die Arbeit, sondern der Autor bemühte sich ernsthaft, die Notwendigkeit zu zeigen (nicht: aufzeigen). Weshalb im übrigen nicht „versuchen" statt „den Versuch machen"?

- Die seit einigen Monaten ... erscheinenden Beiträge versuchen, solche Zusammenhänge darzustellen und zu klären.
Die haben wohl keinen Verfasser, sondern schreiben sich von selbst. „Versuchen" gehört zur Gruppe der Verben, die sich nur mit belebten Subjekten verbinden lassen.

- Dieses Ergebnis bestätigt auch die von der *Arbeitsgemeinschaft der Verbraucher* in Auftrag gegebene Untersuchung, die eine positive Beziehung zwischen dem Anteil derer, die erfolgreich über Rabatte verhandeln, und dem Einkommens- und Bildungsniveau ermittelte.
Auch dieser Satz hat's in sich: 1. Bestätigt das von dem Studenten ermittelte Ergebnis die Untersuchung oder diese das Ergebnis? 2. Nicht die Untersuchung, sondern z.B. ein Team von Forschern ermittelte die Existenz eines Zusammenhangs. 3. Es handelt sich um **eine** von der *Arbeitsgemeinschaft der Verbraucher* in Auftrag gegebene Studie, da diese Institution sicherlich noch andere Untersuchungen hat durchführen lassen. 4. Was ist mit „Anteil derer" gemeint? Anteil woran? Der Satz lautet richtig wie folgt: „Das hier

dokumentierte Ergebnis wird von einer von der *Arbeitsgemeinschaft der Verbraucher* in Auftrag gegebenen Studie bestätigt, in der gleichfalls eine positive Beziehung zwischen dem Grad der Bereitschaft, über Rabatte zu verhandeln, sowie dem Einkommens- und Bildungsniveau nachgewiesen worden ist."

4. Tücken der Semantik

Die folgenden Formulierungen sind alle verkorkst. Immer ist fehlende Logik im Spiel, manchmal das Ergebnis nicht frei von Komik.

- Hier allein lag die Zahl der Bevölkerung . . . bei etwa 4 Mio., die fast ausschließlich schwarz waren.
  Bevölkerung ist ein kategorialer Begriff, bei dem es nichts zu zählen gibt. Dagegen wären Leute, Menschen, Schwarze zählbar. Im übrigen haben sich da offenbar Mischlinge eingeschlichen („fast ausschließlich schwarz"!). Vorschlag: „Hier allein schon betrug die Anzahl der Menschen ca. 4 Mio., wobei es sich fast ausnahmslos um Farbige handelte."

- Damit setzt sich die Stichprobe aus überwiegend männlichen Ärzten zusammen, und der überwiegende Anteil der Befragten war zwischen 41 und 60 Jahre alt.
  Die Stichprobe setzt sich nicht aus „überwiegend männlichen Ärzten", sondern „überwiegend aus Ärzten" zusammen, weswegen Ärztinnen darin nur in geringerem Maße vertreten sind.

- Die Zahl ist wahrscheinlich nicht einmal ausreichend, um alle auf den Arbeitsmarkt drängenden Personen zu beschäftigen.
  Die „Zahl" kann nicht beschäftigen. „Die Anzahl an Arbeitsplätzen reicht nicht aus, um alle . . . unterbringen zu können."

- Südafrika ist der größte westliche Weltproduzent von Platin.
  Da gäbe es auch noch einen „östlichen Weltproduzenten". Also: „. . . ist der größte Platinproduzent der westlichen Welt."

- Die Prognose einer 4,5%igen jährlichen Wachstumsrate muß heute als eine nicht zu erreichende Rate angesehen werden.
  Daß eine Wachstumsrate von 4,5%, die seinerzeit prognostiziert wurde, erreicht wird, erscheint (heute) unwahrscheinlich. Die „Prognose" kann doch nicht als „Rate" angesehen werden.

- Es handle sich um einen Arbeitsbesuch, bei dem man darüber sprechen werde, was im Rahmen des Machbaren möglich sei.
  Bis an die Grenzen des Machbaren ist alles möglich.

- Zur Beurteilung der gewonnenen Informationen werden häufig Branchenvergleiche herangezogen, weil damit die branchenmäßigen Einflüsse auf den Jahresabschluß bereinigt werden, Aussagen über die Stellung des Unternehmens in seiner Branche und Abnormitäten gegenüber der Branche erkannt werden können.
  Hier läuft einiges aus dem Ruder: Vergleiche werden angestellt; herangezogen werden vielleicht Branchen(durchschnitts)daten. Man kann Einflüsse eliminieren bzw. Störvariablen kontrollieren oder aber Daten um Einflüsse bereinigen. Außerdem werden Aussagen nicht „erkannt".

- Neue Folgen der *ZDF*-Produktion „Ich heirate eine Familie" werden zur Zeit in Berlin produziert. Autor . . . schrieb die ersten vier Folgen der Serie so erfolgsträchtig, daß das *ZDF* sich zu einer Fortsetzung entschloß.
  Die ersten vier Teile umfassen nur drei Folgen; in der „ersten Folge" folgt noch nichts. „Erfolgsträchtig" bezieht sich auf den Autor, und „Fortsetzung" löst die Frage nach dem „wovon" aus. Der zweite Satz müßte durch einen ganz anderen ersetzt werden, z. B. folgenden: „Weil die ersten vier Teile der Serie so erfolgreich waren, hat sich das *ZDF* entschlossen, diese (nicht: jene!) fortzusetzen."

- Morgen haben die Demonstranten zu einem Gottesdienst unter freiem Himmel aufgerufen.
  Dazu haben sie gestern, und zwar für morgen aufgerufen.

- Die deutsche Mannschaft hat ihre Skeptiker restlos überzeugt.
  Der Reporter bei der Übertragung eines Fußballspiels im Fernsehen meinte genau das Gegenteil, nämlich alle Befürchtungen hätten sich als grundlos erwiesen. Die Skeptiker sind also nicht bestätigt worden.

- Die Schaffung solcher Schnittstellen durch die Abgrenzung von Verantwortungsbereichen ist ein organisatorisches Problem, dessen Lösung eine optimale Koordination einer arbeitsteiligen Erfüllung der unternehmerischen Gesamtaufgabe gewährleisten muß.
  Es gibt keine „Koordination einer arbeitsteiligen Erfüllung".

- Dazu gehören beispielsweise Maschinen, Werkzeuge usw.
  Das „usw." ist kein Beispiel. Deshalb: „Dazu gehören beispielsweise Maschinen und Werkzeuge."

- Gegenstand eines Lagerhaltungsmodells ist die Bestimmung einer optimalen Lösung . . .
  Im Normalfall sucht man **die** optimale Lösung. Außerdem stellt dies das Ziel, nicht den Gegenstand dar.

- Kosten besitzen eine Mengen- und eine Wertkomponente. Beide bilden auch den Untersuchungsgegenstand anderer betriebswirtschaftlicher Disziplinen.
  Mitnichten! Sie bilden höchstens **einen** Gegenstand anderer betriebswirtschaftlicher Disziplinen.

- Die *ABB-Kraftwerks-Leittechnik* sorgt dafür, daß Kraftwerke störungsfrei und mit hohem Wirkungsgrad arbeiten können, indem mit möglichst wenig Brennstoff möglichst viel Strom erzeugt wird.
  Die darin steckende Logik hat *Wilhelm Rieger* einmal mit dem Bild karikiert, man könne einem Radfahrer nicht auftragen, mit möglichst wenig Kraftaufwand möglichst weit zu fahren. Diese Entscheidung würde den armen Menschen zum Wahnsinn treiben.

- Zum einen ist die von . . . formulierte Ansicht nicht von der Hand zu weisen, daß Schadengrenzkosten unmöglich gebildet werden können; denn sie seien entweder Null oder viel größer als der Grenzerlös.
  Zunächst heißt dies, daß der Autor die Ansicht nur „formuliert" hat, sie stammt offenbar nicht von ihm. Daneben müssen offenbar doch Grenzkosten gebildet (ermittelt?) werden können; denn sonst wüßte man nicht, daß diese z.B. den Grenzerlös übersteigen können.

- Es wird selbst bei steigender Preisgestaltung besseres Schuhwerk gekauft.
  Was der Autor meint, sind steigende Preise. Es gibt keine steigende Gestaltung.

- Nach diesen Ausführungen ist es fraglich, ob die Einbeziehung nur einer Zielsetzung in die Modelle der innerbetrieblichen Standortplanung nicht eine unzulässige Vereinfachung darstellt.
  Erstens kommt nicht deutlich genug heraus, daß es um ein einziges Ziel geht, zweitens verdreht das „nicht" den Sinn der Aussage ins Gegenteil von dem, was offenkundig gemeint war.

- Mit Hilfe der dem Prägnanzgesetz zugrunde liegenden Gestaltgesetze, deren Anzahl zwischen sieben (*Metzger* 1966) und 114 (*Helsen* 1933) variiert, versuchte man die Wirkungsweise der guten Gestalt zu erklären.
  Man könnte glauben, deren Anzahl bewege sich unablässig auf und ab. Besser wäre deshalb eine Formulierung wie folgende: „. . . deren Anzahl nach dem Urteil verschiedener Autoren zwischen . . . und . . . beträgt". Außerdem heißt es „zugrundeliegenden".

- Zu berücksichtigen ist dabei, daß konstante Daten sowie weitere . . . laufend schwankende Daten einen Störfaktor bilden.

Klingt „laufend schwankende Daten" schon nach betrunken, ist das „weitere" in jedem Falle sinnstörend, weil die Konstanten dann auch zur Gruppe der schwankenden Größen gehören würden.

- In Abhängigkeit der Parameterwahl besitzt die Funktion einige weitere interessante Eigenschaften.
  Dieser Satz ist ziemlich unlogisch. Gemeint ist vermutlich: Je nachdem, wie man die Parameter wählt (in Abhängigkeit **von** der Parameterwahl!), weist die Funktion . . . Eigenschaften auf.

- In diesem Fall des kapitalgebundenen technischen Fortschritt's entspricht damit die Qualität der Maschinen dem unterschiedlichen technischen Wissen zum Zeitpunkt ihrer Konstruktion.
  Da gäb's noch einen anderen Fall des kapitalgebundenen technischen Fortschritts (ohne Apostroph!). Deswegen: „In diesem Fall, also bei kapitalgebundenem . . . Fortschritt, . . ."

- Dieser Grundsatz der Bilanzidentität dient der Vergleichbarkeit verschiedener Bilanzen mehrerer Wirtschaftsjahre.
  Dieser Satz hat's in sich. Hier **hätte** die Bilanzidentität Grundsätze und **wäre** nicht einer. Da gäbe es also noch andere Grundsätze der Bilanzidentität. Außerdem kommt es durch „verschiedener" und „mehrerer" zu einer Überbestimmung. Genügen würde: „Der darin zum Ausdruck kommende Grundsatz . . . dient der Vergleichbarkeit von Bilanzen mehrerer Wirtschaftsjahre."

- Für die Verkaufspreise von Billigimporten können nur Anhaltspunkte gegeben werden.
  Ebenso wie es keine Billig-, sondern nur Niedrigpreise gibt, haben „Billigimporte" keine „Verkaufspreise".

- Die informationsbezogenen Konzepte basieren auf zahlungsstromorientierten Rechenwerken, die, wenn nicht an die Stelle der herkömmlichen Bilanz, so doch zu deren Ergänzung hinzutreten sollen.
  Da gäbe es die Bilanz, deren Ergänzung und noch etwas. Es muß etwa heißen: „. . ., die, wenn auch nicht an die Stelle der . . . Bilanz, so doch zu dieser **als** Ergänzung hinzutreten."

- Das Bereitstellungslager ist der Lagerort für den Materialbedarf eines bestimmten Verbrauchsortes.
  Wäre folgende Formulierung nicht klarer? „Das Bereitstellungslager ist der Ort, an dem die an bestimmten Verbrauchspunkten voraussichtlich benötigten Materialien nach Art und Menge vorgehalten werden." Es gibt keinen „Lagerort" für „Materialbedarf".

- Der Lagerumschlag ist eine Kennzahl der Lagerhaltung, gebildet aus dem Verhältnis von Lagerumsatz und durchschnittlichem Lagerbestand.

  Das Verhältnis von Lagerumsatz und Lagerbestand **ist** die Kennzahl. Gebildet wird diese aus den beiden Größen, nicht aus dem Verhältnis, in dem sie zueinander stehen.

- Der Lochkartenleser ermöglicht es, Daten in ein EDV-System ein- oder auszugeben.

  Wie bitte? „... in ein System auszugeben"? Es muß heißen: „... ermöglicht es, Daten in ein EDV-System einzugeben oder Daten von einem solchen ausgeben zu lassen."

- Die obersten Ziele werden nicht geplant, sie werden vielmehr ohne ausreichendes Feedback über die Realisierungschancen gesetzt. Um ein ständiges Scheitern solcher gesetzten Ziele zu vermeiden, werden konservative Ziele gesetzt, die sich an vergangenen Ergebnissen orientieren, weil innovative Ziele ohne Kenntnis der Detailmaßnahme nur als ein Schuß ins Blaue gelten könnten.

  Wenn Satz 1 richtig ist, muß Satz 2 falsch sein (und umgekehrt). Außerdem gibt es tatsächliche, geplante, gewünschte, vielleicht auch vergängliche, aber keine vergangenen Ergebnisse. Schließlich scheitern nicht Ziele, sondern Versuche, diese zu erreichen.

- Dieses System besteht aus einer Datenbank, in der Produktinformationen und Preise von annähernd 60 000 Markenartikeln gespeichert sind.

  Diese Formulierung ist inkonsistent. Entweder sind, salopp gesprochen, „Produkte" (natürlich nicht wirklich!) und „Preise" oder aber „Informationen über Produkte und deren Eigenschaften sowie Preise" gespeichert.

- Seit 1995 bieten wir im „Telefon-Banking mit IQ" unseren Kunden auch Wertpapiergeschäfte, mit und ohne Beratung, sowie in Zukunft auch zu unterschiedlichen Preisen an.

  Dieser Satz ist hoffnungslos falsch. „Seit ... 1995 bieten wir ... in Zukunft ..."? Und was rechtfertigt die unterschiedlichen Preise? Das „mit und ohne Beratung"?

- Die Personenversicherungsmathematik behandelt hauptsächlich Probleme, die sich aus der Ungewißheit über den Zeitpunkt des Versicherungsfalls ergeben, während in der Sachversicherungsmathematik sowohl der Zeitpunkt des Versicherungsfalles als auch die Höhe des Schadens vom Zufall abhängen.

Dieser Satz ist, was man erst, wenn man genau hinsieht, erkennt, logisch nicht ausbalanciert. Es muß etwa heißen: „. . . während in der Sachversicherungsmathematik sowohl der Zeitpunkt . . . als auch die Höhe . . ., die beide vom Zufall abhängen, interessieren."

- Der Fragebogen enthält Sachfragen zur Zufriedenheit mit den Ladenöffnungszeiten sowie zur Verhaltensabsicht bei einer Lockerung der Ladenschlußzeiten.

Lockere Zeiten sind da offenbar angebrochen. Es geht um die Lockerung der gesetzlichen Normierung der Ladenöffnungszeit. Der Satz enthält noch zwei weitere Probleme: Statt „Sachfragen zur Zufriedenheit" muß es heißen „Fragen zum Ausmaß der Zufriedenheit" und „Sachfragen . . . zur Verhaltensabsicht" ist kryptisch. Der Mann wollte von den Leuten einfach wissen, ob und gegebenenfalls wie sie ihr Einkaufsverhalten ändern würden, wenn das Ladenschlußgesetz aufgehoben würde.

- Die Autoren unterscheiden zwischen . . . und der „ungedeckten Lücke", die . . . gefüllt werden muß.

Auch die Verwendung von Anführungszeichen ändert nichts daran, daß man keine „ungedeckte Lücke" schließen (nicht „füllen"!) kann. Im Augenblick der Schließung wäre sie nicht mehr da.

- Langsames Liegenlassen einer Aufführung kann bei einer Wiederaufnahme oft mehr Schwierigkeiten bereiten als bei einer Premiere die völlig neue Einstudierung. . . . Das kann . . . nicht durch ein Forcieren der Singstimme, sondern allein durch ein Zurücknehmen des Orchesterklanges erreicht werden. . . . Und dann: diese ideal aufeinander abgetönten Stimmen! (Fragmente aus der Kritik zu einer Opernpremiere in einer regionalen Tageszeitung!)

Daß Theater- und Musikkritiker oft einen anderen Geschmack als das gewöhnliche Volk haben, ist bekannt. Aber manche ihrer klug klingenden Formulierungen und dezidierten Urteile offenbaren, wenn man genau hinsieht, ein seltsames Sprachverständnis, mehr noch: geistige Aussetzer. Kann man etwa eine Aufführung langsam liegen lassen? Auch der Orchesterklang läßt sich nicht zurücknehmen, sondern nur die Tonstärke oder das Klangvolumen. „Aufeinander abgetönte Stimmen" erweckt zwar den Eindruck einer Metapher, doch hilft dies nicht darüber hinweg, daß sich (Ab-)Tönung, was auch der *Duden* bestätigt, allein auf das Reich der Farben bezieht.

Ein Fall zum Knobeln am Ende:

- Vor einem Mehrfamilienhaus fand ich eine Tafel mit folgender Warnung: Wer hier parkt wird kostenpflichtig abgeschleppt.

(1) Sollte ich mich erdreisten, dort mein Auto abzustellen, wer wird dann abgeschleppt: dieses oder ich? (2) Hausbewohner ereilt dasselbe Schicksal wie mich, da nicht davon die Rede ist, daß nur Leute gemeint sind, die dort unbefugt parken. (3) Wer oder was ist kostenpflichtig? Haarspalterei? Mitnichten! Hieße es: „Autos werden, was leider nur unter Hinnahme von Kosten möglich ist, abgeschleppt", wäre klar, daß das Adverb „kostenpflichtig" zu „abgeschleppt" und nicht zu „wer" gehört. (4) Außerdem fehlt ein Komma.

IV. Mit Grammatik und Interpunktion auf Kriegsfuß

1. Die Qual mit der Zahl

Der m.E. häufigste Fehler, der in der deutschen Sprache begangen wird, und zwar auch in den Medien, ist der Verzicht auf die Verwendung der Mehrzahl beim Prädikat immer dann, wenn ein Satz zwei oder mehr Subjekte enthält. Ein Fall fehlender Kongruenz! Verstanden? Nein? Vielleicht wird die Sache durch Beispiele klar.

- Es leuchtet ein, daß die Errichtung, Betreibung, Umgestaltung usw. von Institutionen den Einsatz von Ressourcen erfordert.
  A, B und C erfordern den Einsatz von Ressourcen.

- Es stellt sich heraus, daß die größte Schwäche der Ölindustrie ihr Kapitalmangel und das Fehlen großer Unternehmen war.
  Das „war" wird auch dadurch nicht richtig, daß die *FAZ* so schreibt. Gleichwohl ist die Grammatik hier verzwickt. Was ist Subjekt, was Prädikat? Ein Parallelfall: Seine größte Schwäche sind seine Unentschlossenheit und seine Angst.

- Zu diesem Zweck wurde am ... die *Standard Oil* als Aktiengesellschaft gegründet und ihr Kapital innerhalb eines Jahres von einer Million auf 275 Mio. Dollar aufgestockt.
  Es „wurden" natürlich gegründet und aufgestockt.

- Die Vernetzung und gleichzeitige Entgrenzung von Organisationen macht die Unterscheidung von ... zunehmend problematischer.
  Es muß „machen" heißen. Ob sich der Autor dessen bewußt ist, daß „zunehmend problematischer" keinen linear, sondern einen exponentiell steigenden Verlauf signalisiert?

- Ursachen dieser Veränderungen sind nicht nur die Reizüberflutung sowie der „information overload" der Konsumenten, sondern auch der Wandel in Wertvorstellungen, an denen sich das gesellschaftliche Verhalten, Denken und Handeln orientiert.
  Der Autor schreibt zurecht „in Wertvorstellungen", weil sich nicht alle (dann hieße es: „in den Wertvorstellungen") gewandelt haben. Falsch ist der Singular bei „orientiert". Ein logisches Problem ergibt sich im Verhältnis von Handeln zu Verhalten. Das eine ist eine Teil-

menge des anderen. In Büchern zum Käufer**verhalten** wird im übrigen auch das Denken behandelt und somit dem Verhalten subsumiert.

- Dann könnte die Schuldenquote sinken und mit ihr die Zinsbelastung.
  Keine Frage! Sie könnten . . .

- Die Bestimmung der grundlegenden Kosteneinflußgrößen und deren zweckgerechte Systematisierung bildet eine wichtige Aufgabe der Kostentheorie.
  So falsch wie beim vorigen Beispiel!

- Aufgabe der Gestaltung der Lagerhaltung ist die Organisation, die Standortwahl und Festlegung des Lagertyps.
  Es ist klar, daß es hier „sind" heißen muß. Konsequenterweise müßte auch dem Wort Festlegung ein „die" vorausgehen.

- In keinem Verfahren ist die Suche und Sammlung von Informationen operationalisiert.
  Der Satz ist inhaltlich und grammatikalisch falsch. Operationalisiert werden Begriffe, Variablen etc., nicht die „Suche und Sammlung". Wenn schon, müßte es wiederum „sind" heißen.

- Vor allem die Verfügbarkeit und die Aktualität des Datenmaterials muß geprüft werden.
  „Müssen" natürlich!

- Die Nennung einzelner Firmen oder eine Ermittlung von Marktanteilen ist hier nicht möglich.
  „Die/eine" ist inkonsistent, „ist" muß durch „sind" ersetzt werden, da „oder" nicht als „entweder – oder" zu verstehen ist, sondern durch „und" ersetzt werden könnte. „Firma" bedeutet eigentlich nichts anderes als juristischer Name eines Unternehmens. Das englische „firm" hat man, wenn es sich um das Substantiv handelt, mit „Unternehmung" zu übersetzen.

- . . . wären Primäruntersuchungen notwendig, deren Problematik bereits in . . . ausführlich beschrieben wurden.
  Hier nun der umgekehrte Fehler! „Wurde" natürlich!

- Relative Änderung bedeutet hierbei (bei der Kostenelastizität, Anm. *Dichtl*), daß die infinitesimal kleine Änderung der Gesamtkosten bzw. der Beschäftigung jeweils zum zugehörigen absoluten Wert in Beziehung gesetzt werden.
  Die Änderung wird . . .

- Außerdem werden keine Aussagen darüber gemacht, inwieweit die Schätzung einer Vielzahl von Wahrscheinlichkeiten eine Verbesserung der Bewertungsergebnisse erwarten lassen.
Die Schätzung läßt erwarten.

- Für die Anwendung der ... mathematisch-statistischen Verfahren, die manchmal schon in Großbetrieben Schwierigkeiten beursachen, fehlt ... jegliche Voraussetzung.
Könnte man „beursachen" (verursachen!) noch als Schreibfehler abtun, bliebe doch die Unklarheit im Relativsatz: Bezieht sich das „die" auf „Anwendung", muß das Verbum im Singular stehen („verursacht").

- Häufig herrscht in mittelständischen Unternehmen Personalunion von Eigentum und Leitung und eine funktionsgehäufte Stellung des Unternehmers.
Zunächst einmal „herrschen" zwei; sodann gibt es keine „Personalunion von Eigentum und Leitung". Beide befinden sich vielleicht in einer Hand, und wenn zwei Positionen mit nur einem Aufgabenträger besetzt sind, herrscht Personalunion.

- Aufgrund demographischer und psychographischer Kriterien kann eine Analyse des Marktvolumens gemacht werden, die Käuferschaft beschrieben werden, und Aussagen über das Verbrauchs- und Kaufverhalten werden möglich.
Weshalb nicht „analysieren"? Wenn schon, muß es „können" heißen, außerdem ist das erste „werden" entbehrlich.

- ... daß ein erheblicher Teil der Unternehmungen in eine Konzernstruktur eingebunden ist bzw. als Konzern agieren.
Wenn „ist", dann „agiert"! Viele würden hier auch ein „sind" statt des „ist" zulassen.

- Bei den *Vereinten Nationen* erwartet die neue Exekutivdirektorin eine leichte und eine schwierige Aufgabe zugleich.
Abgesehen davon, daß „executive director" nicht Exekutivdirektor(in), sondern Geschäftsführender Direktor heißt, wäre der Satz richtig gewesen, wenn es „eine leichte und schwierige Aufgabe zugleich" geheißen hätte. So aber „erwarten" die Dame zwei verschiedene Aufgaben.

- Das Layout ist klar, die Autoren kompetent, die Journalisten bissig.
So charakterisiert in der Form eines Testimonials ein bekannter Fernseh-Moderator die Zeitung *Die Woche*, und zwar in einer An-

zeige, die in der *FAZ* erschienen ist. Diese Ellipse ist mißglückt; denn die Autoren „ist" nicht, sondern „sind" vielleicht kompetent. Außerdem „sind" sie bissig!

Der Plural wird allerdings dann durch den Singular ersetzt, wenn zwei Begriffe, die als Subjekte fungieren, als Einheit empfunden werden. Dazu zwei Beispiele:

- Essen und Trinken hält Leib und Seele zusammen.
  Sinn und Zweck der Bemühungen ist allein, . . .

2. Der falsche Fall

Über etliche der im folgenden wiedergegebenen Fehler wird sich manch ein Leser wundern. Gleichwohl: Alle Beispiele sind authentisch. Oft geht es darum, daß der Autor nicht erkennt, was in einem Satz Subjekt, was Objekt ist. Nicht weniger Schwierigkeiten bereiten Präpositionen. Welcher Fall z.B. folgt auf „zwischen", wenn jemand „zwischen 30 und 40 Jahre/n" alt ist? (In diesem Fall heißt es „Jahre"!) Welche Elemente eines längeren Gebildes hängen (noch immer!) von einer Präposition ab? Manch ein Autor hat am Ende eines Satzes dessen Anfang aus den Augen verloren. Dies führt zumeist zu einem Verstoß gegen das Gebot der Kongruenz.

- . . . erhält man als Differenz den Rohertrag, der eine Art betrieblicher Rohgewinn darstellt.
  Hier hätte der Autor sowohl „eine Art betrieblichen Rohgewinn" als auch „eine Art betrieblichen Rohgewinns" schreiben können. Wen oder was stellt er dar? „. . . eine Art betrieblichen . . ."

- . . . bei dem der Kausalzusammenhang zwischen verschiedenen Verhaltensweisen und ihren Wirkungen unter Einbeziehung von Kontextfaktoren als intervenierender Variablen . . .
  Sofern es mehrere Kontextfaktoren sind, muß es „intervenierenden Variablen" heißen.

- Die gespeicherte Mitteilung kann vom Empfänger gelesen werden oder ausgedruckt werden, wenn dieser sich unter Angabe der eigenen Adresse und seinem persönlichem Paßwort mit dem Telebox-System in Verbindung setzt.
  Schon „seinem persönlichem" wäre falsch; gefordert ist indessen der Genitiv, also: „. . . seines persönlichen Paßwortes." Außerdem klingt der Satz weniger schwerfällig, wenn auf das erste „werden" verzichtet wird.

- Eine Co-Produktion der *Telefilm GmbH* und dem *Südwestfunk*.
  Daß jemand „Co-Produktion" schreibt, ist vielleicht Geschmackssache, nicht aber der grammatikalische Fehler, der in dem sog. Abspann steht. Es muß entweder „. . . zwischen der . . . und dem . . ."
  oder „der Telefilm . . . und des *Südwestfunks*" heißen.

- In dem kooperativen Distributionssystem soll unkontrolliertem Konfliktverhalten durch generelle Verhaltensregelungen, rechtzeitigen Verständigungsmaßnahmen und Zusammenarbeit in Gremien vorgebeugt werden.
  „. . . durch rechtzeitige", besser: durch rechtzeitig getroffene Maßnahmen. Im übrigen reicht „Regelung".

- Er interpretiert die aufbereiteten Informationen für jedes Subkriterium des zu bestimmenden Hauptkriterium und bewertet sie . . . durch die Zuordnung eines Zahlenwertes, entsprechend der unterschiedlichen verbalen Beschreibungen . . .
  Richtig wäre: Er interpretiert die für jedes Subkriterium des Hauptkriteriums aufbereiteten Informationen . . ., entsprechend **den** unterschiedlichen Beschreibungen; noch besser wäre: der jeweiligen Beschreibung. (Man kann nur „verbal" beschreiben. Deshalb ist die Verwendung des Adjektivs sinnlos.)

- Als Produktgruppe wurde „Schuhe" gewählt, da in Südafrika schon über Jahre hinweg einen steigenden Anteil der Importe von Schuhen am Gesamtabsatz zu beobachten ist.
  So schreibt ein Diplomand nach 12 Semestern! Zu beobachten ist „ein steigender Anteil", den Schuhimporte am . . . (an was?) . . . aufweisen. Oder: „Der Anteil der Schuhimporte am . . . steigt seit Jahren."

- Ein Ansatz zur Differenzierung diesbezüglicher Material- und Warengruppen stellt die ABC-Analyse dar.
  Ein überaus häufiger Fehler! „ABC-Analyse" ist das Subjekt, „Ansatz" das Objekt des Satzes, also: „. . . einen Ansatz . . ."

- Sowohl durch moderne wirtschaftspolitische Leitbildkonzepte wie dem Sustainable Development als auch durch konkrete umweltpolitische Konzepte wie dem Kreislaufwirtschaftsmodell sehen sich Unternehmen vor die Herausforderung gestellt, aktiv an der Gestaltung einer Kreislaufwirtschaft mitzuwirken und einen Beitrag zur Effizienzrevolution zu leisten.
  Das „wie dem" ist beide Male falsch (**durch** . . . wie **das** . . .). Hätte der Autor statt „Leitbildkonzepten" einfach „Leitbilder" geschrie-

ben, hätte er nicht nur ein Blähwort, sondern auch eine unnötige Wortwiederholung vermieden.

- Er mißt die kognitive Komponente direkt über die Merkmalsausprägung, die affektive ... indirekt über die ideale Merkmalsausprägung und einem anschließenden Soll-Ist-Vergleich.
  Dieser Fehler kommt äußerst häufig vor: „... über ... **einen** ... Soll-Ist-Vergleich."

- Jede Fluggesellschaft versucht, durch unterschiedliche Angebote, wie etwa einer Freifahrt im öffentlichen Personennahverkehr zum Abflughafen, die Zusammenarbeit mit den Flughafentransfergesellschaften, einem speziellen Buggy-Service am Flughafen oder der Möglichkeit des separaten Familien-Check-in oder dem Vorab-Check-in auf einigen deutschen Bahnhöfen, die Kunden dazu zu bewegen, sich für die jeweilige Airline zu entscheiden.
  Viermal falsch! „... eine Freifahrt, ... einen ... Service oder die Möglichkeit ... oder den Vorab-Check-in ...". Außerdem gibt es keinen „Abflughafen"!

- Ein möglicher Lösungsweg könnte eine drastische Arbeitszeitverkürzung darstellen.
  „... einen ... möglichen" natürlich!

- Der ganze Computer ist zwecklos, wenn es keinen Mensch gibt, der ihn bedient.
  „... keinen Menschen ..."!

- ... läßt sich vermuten, daß dort Probleme in bezug auf die Gewinnung relevanter Informationen und ihrer Auswertung bestehen.
  „... in bezug auf **ihre** Auswertung"; denn sonst hieße es: „die Gewinnung ... ihrer Auswertung".

- Der Verzicht auf die Darstellung von Konkretisierungsvorschläge stellt also für den Bewerter keine Nachteile dar.
  Erstens heißt es „... Vorschlägen" und zweitens „keinen Nachteil".

- Die Grundsätzeplanung begnügt sich nicht allein mit konkreten Adressaten wie Kunden, Mitarbeiter, Gesellschaft usw. ...
  Mit Adressaten wie wem? Mitarbeitern! Außerdem ist das „allein" überflüssig.

- Der Vorteil von Istobjekten als Vergleichsobjekte liegt in der Einfachheit ihrer Erstellung.
  „... von Ist- als Vergleichsobjekten ..."!

- Die Luftfahrtversicherung wird in der BRD durch den *Deutschen Luftpool* betrieben, einem Zusammenschluß von Erst- und Rückversicherern in Form einer Gesellschaft des bürgerlichen Rechts.
  „... durch ... einem ..."???

- Dadurch gelangt man zur Positionierung der Länder in den Feldern der Portfoliomatrix und einem graphischen Ergebnis.
  Man gelangt „zu einem graphischen Ergebnis". Auf „zu" dürfte man nur dann verzichten, wenn vor Positionierung „zu der" stünde.

- Dabei wird in einer ersten Stufe anhand der Kriterien politische Situation, gesetzliche Beschränkungen, Bevölkerungszahl, Pro-Kopf-Einkommen, sowie einem Kriterium, das als offensichtliche Mängel umschrieben ist, eine Vorauswahl von Ländern getroffen.
  Nach „anhand" bedarf es des Genitivs, also: „... der Kriterien ... sowie eines Kriteriums" (und zwar ohne Komma vor dem „sowie").

- Dies sollen auch die Subkriterien sein, mit der die wirtschaftliche Leistungsfähigkeit bestimmt wird.
  „... mit denen ..." natürlich!

- Dies dient der Feststellung der Schnittstellen zwischen A-, B- und C-Güter.
  „... zwischen Gütern ...!"

- Um eine größere Übersichtlichkeit zu erreichen, fügt die deutsche Methode ein Sammeljournal zwischen die Grundbücher und dem Hauptbuch ein.
  Zulässig wären sowohl „zwischen **die** Grundbücher und **das** Hauptbuch" als auch „zwischen **den** Grundbüchern und **dem** Hauptbuch".

- Aufgrund der Schnelligkeit der Verarbeitung und den verschiedenen Auswertungsmöglichkeiten wird die Entscheidungsorientierung gesteigert.
  „... **der** verschiedenen Auswertungsmöglichkeiten ..." Außerdem erscheint ein „durch die Schnelligkeit ..." eher am Platz.

- Für die steuerlichen Herstellungskosten besteht .. für den Ansatz der fixen Materialgemeinkosten, der fixen Fertigungsgemeinkosten und den Sonderkosten der Fertigung kein Wahlrecht.
  Daß die Hintereinanderschaltung von „für" und „für" das Verständnis erschwert, mag noch angehen. Nicht diskussionsfähig ist indessen, daß es „**der** Sonderkosten" heißen muß.

- Ein erster Schritt im Prozeß der Informationsbeschaffung bildet die Suche nach Informationsquellen.

„Einen ersten Schritt ..."! Zweimal „Informations-" hintereinander wirkt schwerfällig.

- Es geht hier um das Verhältnis des Anlage- zum Umlaufvermögen. Da es „... des Anlagevermögens zum Umlaufvermögen" lauten muß, ist eine Verkürzung hier nicht zulässig.

- Durch eine Gliederung der Posten nach der Fristigkeit zugeflossener Mittel und nach der Bindungsdauer verwendeter Mittel und der Einbeziehung von Daten der Gewinn- und Verlustrechnung läßt sich die Aussagefähigkeit der Bewegungsbilanz noch steigern.
„... sowie durch die Einbeziehung" wäre die beste Lösung.

- Eine Begrenzung des Sortiments läßt sich ... durch Vereinheitlichung der Materialien hinsichtlich ihrer Größe, Abmessung, Form, Farbe, stoffliche Zusammensetzung, technische Leistungsparameter usw. erzielen.
Fehler dieses Typs finden sich häufig. Es muß heißen: „... hinsichtlich ihrer ... stofflichen Zusammensetzung, technischen Leistungsparameter ..."

- Ein weiterer Punkt befaßt sich mit der bei Handel und Verbraucher unterschiedlichen Entstehung der Akzeptanz.
Bei wem? Bei Verbrauchern!

- Regelmäßig entfällt ein vergleichsweise hoher Materialverbrauchswert auf relativ wenigen Materialpositionen. Umgekehrt entfällt auf ... vielen Materialpositionen nur ein relativ geringer Materialverbrauchswert.
Gemeint ist „ein ... hoher Anteil am Materialverbrauch". Falsch ist das „n" bei „wenigen" und „vielen". Der Befund ist im übrigen geradezu primitiv formuliert.

- Demnach kann sowohl der Verbrauch als auch der Endbestand mit den durchschnittlichen Anschaffungskosten als gewogenes arithmetisches Mittel aus allen Zugängen und dem Anfangsbestand bewertet werden.
Da der Satz zwei Subjekte aufweist, muß es „können" heißen. Außerdem sollte dem „mit den ..." ein „als gewogenem arithmetischem Mittel" folgen.

- Die Binnenschiffahrt hat aufgrund der geographischen Lage der Flüsse und dem zeitweiligen Wassermangel keine Bedeutung.
An der „geographischen Lage" kann's nicht liegen, eher am Verlauf der Flüsse im Verhältnis zu Ballungszentren, Rohstoffvorkommen etc. Falsch ist „dem zeitweiligen Wassermangel", weil diese Feststel-

lung ebenfalls mit „aufgrund" eingeleitet wird, also: „... des ... Wassermangels".

- Durch Einsetzen der aufbereiteten Daten und der Errechnung des arithmetischen Mittels für ... lassen sich ... ermitteln.
Durch wen? Durch **die** Errechnung. Da dem „Einsetzen" kein direkter Artikel vorausgeht, sollte man ihn der Symmetrie wegen auch bei Errechnung weglassen. Durch Streichen von „der" vor „Errechnung" wird die Formulierung also einwandfrei. Nach wie vor nicht schön ist allerdings „... Mittels ... ermitteln."

- Dabei können zwei Gruppen von Herkunftsländer unterschieden werden.
Herkunftsländer**n**!

- Die Bundesrepublik Deutschland war dabei im Jahre ... mit 13 300 Paar Schuhe vertreten.
Paar Schuhe**n**!

- Aus den asiatischen Ländern werden vor allem Hemden mittlerer Qualität und niedrigem Preis eingeführt.
Richtig wären „von mittlerer Qualität und mit niedrigem Preis" oder „mittlerer Qualität und niedrigen Preises".

- In der gegenwärtigen wirtschaftlichen Situation, die u. a. durch gesättigte Märkte, zunehmenden Verdrängungswettbewerb und einem sich immer schneller verändernden Verbraucherverhalten gekennzeichnet ist, ...
„... und ein sich ... veränderndes Verbraucherverhalten ..."

- Wer eine solche Karte besitzt, kann aus mehr als 60 000 Artikel wählen und per Bildschirm oder Telefon bestellen.
Er kann „aus mehr als 60 000 Artikel**n aus**wählen"!

- Den Verlauf der Produktionsfunktion kann man anstelle des Ertragsgebirges graphisch auch durch dessen Höhenlinien, den Isoquanten, kennzeichnen.
Die Aussage ist ziemlich schief formuliert. Zunächst muß es heißen: „durch ..., **die** Isoquanten". Problematisch ist das „anstelle des". Eindeutig wäre: „statt durch das Ertragsgebirge auch durch ...". Außerdem kann man einen Funktionsverlauf zeichnen, wiedergeben, deutlich machen etc., aber nicht kennzeichnen. Letzteres würde etwas ganz anderes bedeuten, nämlich eine Bewertung (einen Verlauf als unsinnig, überraschend etc. kennzeichnen).

- Das verfügbare Einkommen ergibt sich durch Addition des privaten Konsums und dem Gesparten.
Ein häufiger Fehler! „durch Addition des ... und **des** Gesparten".

- Konkret heißt dies, daß etwa 16% der Bevölkerung über eine Mehrheit von 71% Schwarze, 9% Mischlinge und 3% Asiaten herrscht.
  16% ... herrschen über eine Mehrheit von ... Schwarzen, 9% Mischlingen ..."

- Für den Exportbereich bedeutet die Preiserhöhung ein Rückgang der Nachfrage der Ausländer.
  „... einen Rückgang ..."!

- Ziel der betrieblichen Logistik ist die Sicherstellung des Materialfluß von der Beschaffung bis zum Absatz des fertigen Produktes.
  Natürlich „... des Materialflusses"! Schief liegt der Autor auch, wenn er Materialfluß mit „Absatz des fertigen Produktes" verknüpft. Wo fließt da noch Material?

- Vor dem Hintergrund dieser charakteristischen Kostenstruktur gewinnt die Kapazitätsauslastung für die Unternehmung als marktwirtschaftlichem Betrieb eine zentrale Bedeutung.
  Dieser Satz begegnet drei Einwänden: 1. „... als marktwirtschaftlichen ..."; 2. die Gleichsetzung von Unternehmung und Betrieb wird von vielen Betriebswirten abgelehnt; 3. „eine zentrale Bedeutung" ist verwaschen (auf den indirekten Artikel solle man verzichten).

Große Probleme bezüglich der Wahl des richtigen Kasus verursachen vielen Studierenden Präpositionen. Welcher Fall folgt auf Wörter wie „wegen" und „unter"? Anhaltspunkte für deren Verwendung im Normalfall vermittelt *Tabelle 2*. Wenn bei dem auf eine Präposition folgenden, im Plural verwendeten Substantiv der Genitiv nicht zu erkennen ist, wählt man statt dessen den Dativ, um eine Verwechslung mit dem Nominativ und dem Akkusativ zu vermeiden (z.B. innerhalb fünf Monaten, trotz Beweisen). Im übrigen gibt es mehrere Präpositionen, die in Verbindung mit verschiedenen Kasus auftreten können.

Eine Besonderheit gilt es zu beachten, wenn auf eine Präposition zwei attributive Adjektive oder Partizipien im Dativ Singular folgen. Die Regel, daß in solchen Fällen das zweite Adjektiv schwach gebeugt werden müsse, gilt nicht mehr.

- (1) Gesamtwirtschaftliches Wachstum ist nur in Verbindung mit exogenem technischem Fortschritt möglich.
  (2) Wegen seiner grenzenlosen, oft in Anspruch genommenen Hilfsbereitschaft war der Professor sehr beliebt.
  (3) Herr Maier fährt seit kurzem mit seinem neuen Wagen zur Arbeit.
  (4) In diesem kalten Hörsaal hält es niemand aus.

Genitiv	Dativ	Akkusativ
an Hand	analog	auf
an Stelle	auf	durch
auf Grund	aus	(entlang)
ausschließlich	außer	in
außerhalb	bei	ohne
bezüglich	bis zu	um . . .herum
dank	dank	unter
diesseits	entgegen	wider
eingedenk	entlang	(zwischen)
einschließlich	entsprechend	
hinsichtlich	gegenüber	
innerhalb	gemäß	
jenseits	gleich	
kraft	hinter	
längs	in	
laut	laut	
mangels	mit	
mittels	nach	
oberhalb	neben	
statt, anstatt	samt	
trotz	seit	
unterhalb	über	
während	unter	
wegen	vor	
	zu	
	zwischen	

Tab. 2: Präpositionen und Kasus

Alle vier Sätze sind sprachlich korrekt. Im Falle von (1) hätte es früher „mit exogenem technischen" heißen müssen. Bei (2) tritt das Problem starker oder schwacher Beugung nicht auf, da das zugehörige Substantiv weiblich ist. Was (3) und (4) betrifft, sind „seinem" und „diesem" keine Adjektive oder Partizipien.

Zum Schluß eine Aussage, bei der man schwören könnte, sie sei falsch, wenn man nicht eines Besseren belehrt würde:

- Es herrschen Temperaturen um oder knapp unter dem Gefrierpunkt. Da man „um den oder knapp unter dem" für schwerfällig hält, wird das Substantiv (hier: Gefrierpunkt) in den Kasus (hier: Dativ) gesetzt, den diejenige Präposition (hier: unter) verlangt, die jenem am nächsten steht (*Duden*, 1985, S. 543).

Dagegen ist folgender Satz grammatikalisch mißglückt:

- Zusätzlich soll der Warentransport zum und innerhalb eines ausländischen Marktes erkundet werden.
  Die Crux liegt hier bei „zum", einer Verschmelzung von „zu dem". Auf das darauffolgende „Markt" darf nicht verzichtet werden, weil dieses Wort im Kasus nicht mit „Marktes" übereinstimmt (*Duden*, 1985, S. 540).

3. Kalamitäten bei der Satzkonstruktion und beim Konjunktiv

Im folgenden hapert es häufig an der Stellung der Worte im Satz, an der Zeitenfolge und am Genus.

- Die Verkaufsstelle erweist sich nicht nur als kompetent in Qualitäts-, sondern auch in Designfragen.
  „... erweist sich als kompetent nicht nur in Qualitäts-, sondern auch in Designfragen."

- ... stoppte Washington damals nicht nur die Konserveneinfuhr aus Mexiko, sondern auch aus Spanien, das Thunfisch von dort bezog.
  Es muß heißen: „... stoppte die Konserveneinfuhr nicht nur aus Mexiko, sondern auch aus Spanien, ..."

- ... daß es sowohl im Interesse des Betriebes als auch der neuen Mitarbeiter liegen dürfte ...
  Das „sowohl" ist falsch plaziert. „... im Interesse sowohl des Betriebes als auch der ... Mitarbeiter ..."

- Präzise Angaben zur Liquiditätsentwicklung sind allerdings nur bei Kenntnis detaillierter Fristen und demnach nur bei interner Sicht möglich.
  Ein analoger Fall: Es geht um detaillierte Kenntnis, nicht um detaillierte Fristen: „... nur bei detaillierter Kenntnis von Fristen und ... nur **aus** interner Sicht ..."

- Deshalb sollte bei der Bewertung eines Kriteriums, die zum Wegfall dieses Kriteriums und dessen untergeordneten Faktoren führt, sorgfältig ... abgewägt werden.
  Dieser Satz hat's in sich! Korrekt wäre: „Deshalb sollte bei der Bewertung eines Kriteriums in einer Weise, die zu dessen Wegfall, aber auch zur Elimination der diesem untergeordneten Faktoren führt, sorgfältig ... abgewogen werden."

- Transportkosten sind Aufwendungen, die die örtliche Veränderung von Gütern verursachen.

  Hier verursachen Aufwendungen die örtliche Veränderung, statt umgekehrt („die durch die . . . verursacht sind"). Außerdem stellt die Gleichsetzung von Kosten und Aufwendungen betriebswirtschaftlich betrachtet eine gefährliche Vereinfachung dar.

- Werden die Anschaffungs- oder Herstellungskosten vom Börsen- oder Marktpreis bzw. vom beizulegenden Wert am Abschlußstichtag unterschritten, so ist bzw. kann der niedrigere Wertansatz für die Bilanzierung herangezogen werden.

  Ob man „von dem am Abschlußstichtag **beizulegenden** Wert schreibt, ist eine Stilfrage, gleichwohl Jargon. Falsch ist der mit „so" beginnende Teil des Satzes („so ist . . . herangezogen werden"!).

- Sie empfiehlt sich nur bei Produkten, deren äußere Erscheinung für die Unterscheidung zu anderen Produkten ein besonderes Gewicht zukommt und somit auch für die Akzeptanz von Bedeutung sein kann.

  Statt „äußere" muß es „äußerer Erscheinung" heißen. Damit kann das mit einem Adjektiv garnierte Substantiv nicht (im Nominativ stehendes) Subjekt für den zweiten Teil des Relativsatzes sein („deren äuße**rer** Erscheinung . . . von Bedeutung sein kann"!?). Außerdem muß es heißen: „Unterscheidung gegenüber . . .")

- Die pagatorisch oder wertmäßig bestimmbaren Kostenwerte ermöglichen eine Abbildung des Güterverbrauchs in Geldgrößen.

  Es kann entweder „die pagatorischen bzw. die wertmäßigen . . ." oder „die pagatorisch bzw. wertmäßig bestimmten Kostenwerte" heißen. Daß sie prinzipiell bestimmbar sind, reicht für die Abbildung nicht.

- Die für heute, 17 Uhr, vorgesehene Sendung mußte leider ausfallen.

  In dem Augenblick, in dem die Ansagerin dies mitteilte, war die Sendung vorgesehen **gewesen**. Im Deutschen, im Gegensatz etwa zum Lateinischen, kann man sich hier am elegantesten mittels eines Relativsatzes aus der Affäre ziehen.

- Das bis 31. 12. 1973 geltende Erbschaftsteuerrecht ging auf ein Gesetz vom . . . zurück.

  Wenn man das „geltende" in die Form eines Relativsatzes brächte, ergäbe sich: „Das Erbschaftsteuerrecht, das bis . . . gilt, ging . . . zurück." Die Konstruktion mit dem Partizip Präsens ist nicht korrekt; man kann – wiederum – den Sachverhalt nur mit einem Relativsatz, und zwar mit „galt", ausdrücken.

- Da der Brand rechtzeitig entdeckt wurde, konnten die fünf im ersten Stock schlafenden Bewohner gerettet werden.

  Dieser Satz enthält zwei Fehler: „entdeckt wurde" und „schlafenden". Richtig lautet er wie folgt: „Da der Brand rechtzeitig entdeckt **worden war**, konnten die fünf Bewohner, die im ersten Stock **schliefen**, gerettet werden."

- Insbesondere bei Rechtsnormen, die vor dem Zweiten Weltkrieg und damit in einer sich von unserer heutigen Wirtschaftsordnung deutlich unterscheidenden Wirtschaftsverfassung erlassen wurden, erscheint eine solche Prüfung unabdingbar.

  Die beiden Systeme unterscheiden sich auch heute noch, deshalb ist das „sich ... unterscheidenden" korrekt. Gleichwohl wirkt der Satz langatmig.

- Wird eine Kostenfunktion graphisch dargestellt, so bringt dessen Bild den Kostenverlauf zum Ausdruck.

  Daß es hier „deren Bild" heißen sollte, sieht jeder auf Anhieb. Im übrigen ist die Aussage tautologisch.

- Es ist möglich, daß ein Pkw-Modell ... mit verschiedenen Vergaserversionen bei identischem Motor und Motorleistung bestückt wird.

  Wenn auch holprig, so muß es doch heißen: „... bei identischem Motor und identischer Motorleistung ..." Die Aussage ganz anders zu formulieren wäre ohnedies viel besser.

- ... insoweit zu unterlassen, als es für das Wohl der Bundesrepublik Deutschland oder einer ihrer Länder erforderlich ist.

  Es muß heißen: eines ihrer Länder.

Der Konjunktiv weist zwei Formen auf, deren Funktionen sich an einer Stelle leicht überlappen. Der **Konjunktiv I** dient einmal dazu, (1) einen Wunsch zum Ausdruck zu bringen. Man benötigt ihn (2) sodann zur Kennzeichnung der indirekten Rede. Nicht zuletzt hat er seinen Platz (3) bei irrealen Vergleichssätzen. Dazu ein paar – hier ausnahmsweise einmal richtige – Beispiele:

- Bei einem rechtwinklichen Dreieck *seien* eine Seite 4 cm, eine andere 3 cm lang. Wie lang ist die dritte? (Fall 1)

- Der neue Einkaufsleiter versicherte, er *gedenke* mit allen Lieferanten konstruktiv zusammenzuarbeiten. (Fall 2)

- Das Unternehmen fordert Preise von einer Höhe, wie wenn es allein am Markt *sei/wäre*. (Beide Formen sind richtig.) (Fall 3)

Der **Konjunktiv II** hat seinen Platz dort, (1) wo man sich eine Situation nur vorstellt, diese also in Wirklichkeit nicht gegeben ist (Irrealis), ferner (2) in Fällen, in denen der Konjunktiv I nicht eindeutig und deshalb u.U. mißverständlich ist, sowie (3) in Situationen, in denen man einer Aussage skeptisch bzw. zweifelnd gegenübersteht.

• Wenn die Löhne und die Arbeitszusatzkosten in Deutschland niedriger *wären*, *hätten* die Unternehmen bei ihrer Preispolitik einen größeren Spielraum. (Leider sind sie es nicht.) (Fall 1)

• Das Unternehmen ließ über seinen Pressesprecher wissen, die Gerüchte um eine Übernahme *entbehrten* jeder Grundlage. (Fall 2)

• Die Konzernleitung teilte mit, sie *hätte* das menschenmögliche getan, um Entlassungen zu vermeiden. (Aber keiner glaubt ihr.) (Fall 3)

Erscheinen die genannten Regeln auch halbwegs klar, verstößt man doch tagtäglich gegen sie.

• Sehr geehrter Herr Kollege, ich würde mich freuen, wenn Sie an der für ... anberaumten Sitzung teilnehmen.
Keine Frage, es muß „teilnähmen", vielleicht auch „teilnehmen würden" (Näheres dazu unten) heißen.

• Schon lange hatte man am Persischen Golf kritisiert, daß amerikanische, französische und britische Delegationen regelmäßig die Golfstaaten besuchten, deutsche Politiker die Region aber meiden.
Das Wort „meiden" ist grammatikalisch falsch und überdies Ausdruck mangelnder Konsequenz. Es muß „mieden" heißen; denn dies ist noch Teil des Vorwurfs.

• Der Zeuge gab an, er hätte den Tatverdächtigen genau erkannt.
Richtig ist: Er „habe" ihn erkannt. Erkannt „hätte" er ihn (in Wirklichkeit hat er ihn also nicht erkannt), wenn es in der Straße zur fraglichen Zeit nicht stockdunkel gewesen wäre.

• Der Beschuldigte gab zu Protokoll, er wäre zur fraglichen Zeit nicht am Tatort gewesen.
Es muß heißen: „Er sei ... nicht ... gewesen." „Wäre ... gewesen" ist der Konjunktiv II, der zumeist für den Irrealis gebraucht wird. Beispiel: Der Angeklagte wäre nicht dazu bereit gewesen, wenn er nicht davon hätte ausgehen dürfen, daß seine Tat unbemerkt bleibt. (Dies erwies sich allerdings als Trugschluß.)

Nicht ohne weiteres austauschbar sind einfache Konjunktivformen mit „würde" + Infinitiv. Zulässig ist dies z.B. dann, wenn sich (1) eine Aussage auf die Zukunft bezieht, (2) der Konjunktiv II mit dem Präteritum übereinstimmt und ein Mißverständnis entstehen kann oder (3) der Konjunktiv II altertümlich ist bzw. gestelzt klingt.

• Er sagte, er würde sich seiner annehmen (statt: er nähme sich seiner an), wenn ihn dieser darum bitte. (Fall 1)

- Die Verantwortlichen gaben sich überzeugt, sie würden die richtigen Maßnahmen zur Abwendung der Krise ergreifen.
  Hieße es, sie „ergriffen" die richtigen Maßnahmen, wüßte man nicht, ob damit die Vergangenheit oder die Gegenwart gemeint ist. (Fall 2)
- Würde ich den Autor kennen (statt: kennte ich ihn), bräuchte ich nicht so lange nach dem Buch zu suchen. (Fall 3)

Vorsicht ist in folgendem Fall geboten:

- Er fürchtete, er würde der Aufgabe nicht gewachsen sein.
  Gemeint ist wohl: er „werde". Er „wäre" (statt: würde ... sein) ihr bestimmt nicht gewachsen, hätte er nicht solch eine gute Konstitution. Es handelt sich also einmal um die indirekte Rede, das andere Mal um den Irrealis.

4. Die Überwindung des Zufalls bei der Verwendung des Kommas

Die deutsche Sprache verfügt über eine Reihe von Satzzeichen, nämlich Punkt, Fragezeichen, Ausrufezeichen, Doppelpunkt, Strichpunkt (= Semikolon), Komma, Gedankenstrich, Klammern, Anführungszeichen und Auslassungspunkte. Hinzu kommen als weitere Zeichen Apostroph, Bindestrich und Schrägstrich.

Die mit Abstand größten Schwierigkeiten bereitet Studierenden das Komma. Kein Wunder, führt doch der *Duden* nicht weniger als 35 Regeln dafür an, wie mit diesem Instrument umzugehen ist. Niemandem, der Kommata (und andere Satzzeichen) nicht – weiterhin – auf gut Glück setzen will, bleibt es erspart, sich die Normen genau anzusehen und sie sich einzuprägen.

Sobald jemand die Konstruktion eines Satzes durchschaut, hat er fast schon gewonnen. Welche Elemente bilden den Hauptsatz? Wo fängt ein Nebensatz (oder ein erweiterter Infinitiv) an, wo hört er auf? Wie ist dieser in einen anderen Nebensatz eingebettet? Von wo bis wo reicht die Apposition? Daß die einzelnen Blöcke durch irgendwelche Markierungen voneinander getrennt werden müssen, ist gerade der Sinn der Sache (siehe *Abb. 1*). Hierzu einige typische Fälle.

Besteht der Satz nur aus dem Hauptsatz, gibt es keinen Grund, ein Komma zu setzen.

- Beide Erkenntnisse sollten sowohl in der Zielvorgabe, als auch in der Bewertung der Außendienstmitarbeiter Berücksichtigung finden.
  „... sollten sowohl bei der Vorgabe von Zielen als auch bei der Bewertung der ... berücksichtigt werden."

Ebene				Element				
	1	2	3	4	5	6	7	8
Hauptsatz	Studierende					müssen sich nunmehr anstrengen		und dürfen sich keine Blöße mehr geben.
Nebensatz								
Ebene I		, die in der Schule			die Regeln der Interpunktion leicht hätten lernen können,		, sich diese anzueignen,	
Ebene II			, als die Lehrer sich große Mühe gaben,					
Erweiterter Infinitiv				ihnen diese beizubringen,				

Abb. 1: Hauptsatz mit Nebensätzen auf zwei Ebenen und einem erweiterten Infinitiv

- Die Arbeit hat die Analyse jeweils einer Kommunikations-, sowie einer Informationstechnologie hinsichtlich ihres Nutzungs- und Erfolgspotentials zum Ziel.

Zunächst muß es heißen: „... hinsichtlich des ihr innewohnenden (in ihr steckenden) ... Potentials". Vor „sowie" und „wie", ferner zwischen „sowohl – als auch", „entweder – oder" und „weder – noch" steht kein Komma, außer wenn mit einer der drei letzten Konjunktionen gleichrangige selbständige Sätze miteinander verbunden werden sollen.

- Nicht nur der Ertrag, sondern auch der Ruf des Unternehmens wurden dadurch beeinträchtigt.

Vor entgegensetzenden Konjunktionen wie „aber", „allein", „doch", „vielmehr" und „sondern" muß ein Komma kommen, ferner dann, wenn eine Partizipialgruppe im Spiel ist (wie im nächsten Satz), es sei denn, diese ist vorangestellt und Subjekt des Satzes (siehe weiter unten).

- Von der Unterschlagung des Geschäftsführers schon arg mitgenommen, konnte sich das Unternehmen finanziell nicht mehr erholen.

Wenn zwei Hauptsätze durch ein „und" verbunden werden, bedarf es gleichfalls eines Kommas.

- Daten über das Kundenverhalten lassen sich vor Ort erfassen und es besteht die Möglichkeit, die Konsumenten in der Situation anzusprechen, in der sie ihre Kaufentscheidung treffen.

Nach „erfassen" muß ein Komma gesetzt werden.

Wird ein Hauptsatz mit einem Nebensatz verbunden, bedarf es eines Kommas, wenn dieser am Anfang oder am Ende steht, und zweier Kommata, wenn er in den Hauptsatz eingeschoben ist (analog: Nebensatz in Nebensatz).

- Wir hoffen, daß Sie das Manuskript zur Veröffentlichung annehmen und sind gerne bereit, Änderungswünschen ... nachzukommen.

Ein häufig auftretender Fehler! Der mit „daß" eingeleitete Nebensatz ist bei „annehmen" zu Ende, deshalb bedarf es an dieser Stelle eines Kommas.

- Dabei geht es um die Festlegung von Produkteigenschaften, die für die Verwendung wesentlich sind und darauf bezogene Beurteilungskriterien.

Erstens muß es „bezogenen" heißen, zweitens muß nach „sind" ein Komma gesetzt werden, da die Beurteilungskriterien noch von „Festlegung von" abhängen, der Nebensatz also in den Hauptsatz eingeschoben ist.

- Je geringer die räumliche Distanz, desto größer ist die Wahrscheinlichkeit eine stabile Geschäftsbeziehung aufbauen zu können.

  „… Wahrscheinlichkeit, …", weil ein erweiterter Infinitiv folgt.

- Unter Selbstkosten verkauft ist besser, als die Ware wegwerfen oder
  verschenken zu müssen.

  Die Partizipialgruppe „unter Selbstkosten verkauft" bildet das Subjekt des Satzes, deshalb darf hier in der Tat kein Komma gesetzt
  werden.

In dem folgenden, ähnlich angelegten Satz, der einem Geschäftsbericht
der *Bayerischen Vereinsbank* entnommen ist, taucht zu Recht ein Komma auf, aber an der verkehrten Stelle (nicht vor, sondern nach „wesentlich schneller"!):

- Und im Kreditgewerbe verbesserte sich die Kundenorientierung,
  wesentlich schneller als es eine einäugige Bankenkritik bis heute
  wahrhaben will.

  Die vergleichende Konjunktion „als" verbindet hier keine Satzteile
  (ohne Komma!), sondern einen Haupt- und einen Vergleichssatz. Da
  die zitierte Quelle noch weitere Fehler sprachlicher Art enthält, handelt es sich offenbar nicht um einen Ausrutscher, über den man
  großzügig hinwegsehen sollte.

- Ein Unternehmensimage bilden, heißt, seine Stärken hervorzuheben,
  zu seinen Schwächen zu stehen und Sympathie zu schaffen.

  Das erste Komma ist falsch; denn „ein Unternehmensimage (zu)
  bilden" fungiert hier als Subjekt des Satzes, ist also kein Nebensatz.

Und nun ein Fall, bei dem ein sog. erweiterter Infinitiv in einen Nebensatz eingebettet ist:

- In enger Verbindung damit steht die Frage, wieviel ein wirtschaftlich
  hochentwickeltes Land braucht, um im Kreis der Industrienationen
  vertreten zu sein und welche Vielfalt, Spannbreite und Tiefe der Pro-
  duktionsfähigkeit allein zur Know-how-Erhaltung unerläßlich sind.

  „… vertreten zu sein, und welche Vielfalt … unerläßlich sind."
  Aber da gibt es noch etwas zu beanstanden: „Vielfalt, Spannbreite
  und Tiefe" überschneiden sich logisch; außerdem wirkt das Ganze
  wolkig.

In den folgenden Fällen ist die Sache eigentlich ganz einfach. Man muß
sich nur die Mühe machen, den eingeschobenen Nebensatz sauber vom
Hauptsatz zu trennen.

- Es besteht der Eindruck, daß sich das Richterrecht in vielen Bereichen zu einer neuen qualitativen Dimension entwickelt, in der Erkenntnisse der sozialwissenschaftlichen Forschung offensichtlich

nicht berücksichtigt werden, oder wie ... es ausdrückt, „in hochmütiger Weise als Luft deklariert werden".

Verzichtet man auf „wie es ... ausdrückt" (Nebensatz der Ebene II), erkennt man leicht, daß das Komma nicht vor, sondern hinter dem „oder" stehen muß.

- Organisationen sind Institutionen mitsamt ihren Benutzern, oder wie *Schmoller* sich ausdrückt, eine Organisation ist die „persönliche Seite" der Institution.

Hier fehlt gleichfalls das Komma hinter „oder", aber jenes vor diesem Wort muß erhalten bleiben, weil zwei nebengeordnete selbständige Sätze durch ein „oder" miteinander verknüpft werden.

- Im ersten Fall ist der Kunde vollkommen oder sehr zufrieden, im zweiten Fall hat er ungefähr das erhalten, was er erwartet hat und der dritte Kundentyp ist ... unzufrieden.

„... erwartet hat, und der dritte Kundentyp ..."

Schwieriger zu handhaben sind die Apposition und verwandte Sprachfiguren. Dazu ein paar typische Fälle:

- Auch andere unternehmensinterne Faktoren, wie z.B. das Organisationsklima können einen Einfluß auf die Motivation ausüben.

Bei Sätzen dieser Art gibt es zwei Möglichkeiten, aber nicht die hier demonstrierte Mischung. Entweder man verwendet kein Komma oder zwei von der Sorte. Wenn das, was nach „wie z.B." kommt, für den Satz unabdingbar ist, weil dieser sonst keinen Sinn hätte, darf kein Komma stehen. Sofern es sich allerdings um eine Ergänzung, eine Erläuterung, einen Hinweis, handelt, ohne dessen Existenz der Satz auch Bestand hätte, bedarf es der Setzung von zwei Kommata.

Ein Fall der ersten Spezies ist folgender:

- Spekulationsgeschäfte wie jene, die die *Metallgesellschaft* betrieben hat, führen ein Unternehmen an den Rande des Ruins.

Spekulationsgeschäfte treiben ein Unternehmen, wenn es Gegenpositionen aufgebaut hat, normalerweise nicht an den Rand des Ruins, aber solche wie die, von denen hier die Rede ist, gehen im allgemeinen ins Auge. Deshalb darf hier vor „wie" kein Komma stehen.

- (1) Falls Sie noch Fragen haben, wenden Sie sich bitte an meinen Mitarbeiter Hans Hinz.

(2) Falls Sie noch Fragen haben, wenden Sie sich bitte an meinen Mitarbeiter, Hans Hinz.

Im Fall (1) möge man sich an den Mitarbeiter Hans Hinz, nicht etwa an Karl Kunz wenden. Satz (2) läßt erkennen, daß es nur einen einzigen Mitarbeiter, einen Herrn namens Hinz, gibt.

Welch ein gravierendes Verständnisproblem das Fehlen eines Kommas auslösen kann, zeigt folgendes Beispiel:

- Vor allem aber ist er Doktor der Germanistik, was die Nazis einen Halbjuden nannten.
  Verwirrt? Durch Einfügung eines Kommas nach „er" wird der Sinn des Satzes klar.

Folgen zwei Adjektive bzw. ein Zahlwort und ein Adjektiv aufeinander, muß man prüfen, ob das eine das andere näher bestimmt oder ob beide durch die Konjunktion „und" miteinander verknüpft sein könnten. Im ersten Fall darf kein Komma, im zweiten muß eines gesetzt werden.

- Es handelt sich um die dritte vollständige Bearbeitung.
  Daneben wurde das Werk schon viermal nur in Teilen überarbeitet. Es ist zu Recht kein Komma gesetzt worden.

- Der Autor hat bereits die fünfte, völlig neu bearbeitete Auflage seines Lehrbuches herausgebracht.
  Hier bedarf es eines Kommas; denn er hat zwar die fünfte Auflage, aber vielleicht erstmals eine Neubearbeitung auf den Markt gebracht.

- Es gibt relativ wenige völlig veraltete akademische Bräuche.
  In diesem Extremfall treffen drei Adjektive und zwei Adverbien aufeinander. Das „akademische Bräuche" wird vierfach eingeschränkt. Es gibt (1) veraltete akademische Bräuche, (2) völlig veraltete akademische Bräuche, (3) wenige völlig veraltete akademische Bräuche, (4) relativ wenige völlig veraltete akademische Bräuche.

- Der Verkäufer sollte eine gewisse, positiv verstandene, Schläue mitbringen.
  Das zweite Komma hat keine Existenzberechtigung, da „positiv verstandene" nicht als Apposition betrachtet werden kann.

Einfach zu handhaben ist der Fall, in dem Adverbien und Adjektive aufeinandertreffen:

- Der Pfarrer sprach am Grabe nur wenig durchdachte Worte.
  Das, was er sagte, war also oberflächlich und spendete nicht den von ihm erwarteten Trost. Es wäre besser gewesen, er hätte **wenige, durchdachte** Worte an die Trauernden gerichtet.

Zum Schluß noch die wichtigsten Spielregeln für den erweiterten Infinitiv mit „zu".

Der reine Infinitiv mit „zu" wird normalerweise nicht durch ein Komma abgetrennt.

- Der Student war bereit zu arbeiten.

Von der genannten Regel gibt es Ausnahmen. Eine erste besteht darin, daß das im Infinitiv stehende Verbum einen Zusatz erhält, der die Aussage illustriert, konkretisiert oder präzisiert. Hier, beim sog. erweiterten Infinitiv, bedarf es eines Kommas.

• Der Student war bereit, von Anfang an hart zu arbeiten.
  Dasselbe gilt, wenn zwei oder mehr reine Infinitivformen aufeinanderstoßen.

• Der Student war bereit, zu arbeiten und sich anzustrengen.

Ein Komma setzen muß man auch dann, wenn der reine Infinitiv mit „zu" als Subjekt dem Prädikat folgt.

• Die Absicht des Studenten war, zu arbeiten.

Wird „zu" im Sinne von „um zu" verwendet, verfährt man nicht anders.

• Der Student kam nach Mannheim, zu arbeiten.

Auch Mißverständnisse lassen sich durch das Komma vermeiden:

• Das Anliegen des Studenten war es allein, zu arbeiten.
  Das Anliegen des Studenten war es, allein zu arbeiten.

V. Verstöße gegen den guten Stil

1. Fehlgriffe bei der Wortwahl

In den folgenden Beispielen ist in der Regel ein Wort falsch, und das gründlich. Insofern steht hier auch die Semantik auf dem Prüfstand.

- Dazu erlauben die meisten Monitore eine Parallelverarbeitung von Benutzeranforderungen.
  Vermag ein Computer „Anforderungen" zu verarbeiten? Ein „Monitor" kann im übrigen gar nichts verarbeiten, sondern nur etwas sichtbar machen.

- Viele Bankbilanzen werden bei Derivaten sehr schweigsam.
  Hat man je davon gehört, daß Bankbilanzen reden? Außerdem genügte „schweigsam"; der Elativ ist unsinnig.

- Das Programm sieht vier Optionen vor, mit deren Hilfe Bilanzplanung sowie Gewinn- und Verlustrechnungsplanung betrieben werden kann.
  Nicht „Gewinn- und Verlustrechnungsplanung", sondern „Gewinn- bzw. Verlustplanung sowie Bilanzplanung" **können** mit Hilfe der vier Optionen betrieben werden.

- Deutsche Fabrikanten verlassen Billiglohnländer.
  „Billiglohnländer" liest man nahezu jeden Tag in der Zeitung. Es gibt indessen nur Niedrig- und Hochlohnländer, aber keine Billig- und Teuerlohnländer. Löhne und Preise können z.B. hoch, Arbeitskräfte teuer sein. Billig ist u.U. die Ware, nicht jedoch deren Preis.

- Die Bundeswehr schließt 20 Standorte.
  Sie schließt vielleicht Garnisonen oder Kasernen, macht Stützpunkte dicht. Standorte kann man aufgeben, aber nicht schließen.

- Ein Großteil der Geschäfte ist nicht kursgesichert.
  Wenn das richtig sein sollte, müßte es auch Sätze wie folgende geben: Das Auto ist nicht unfallgesichert. Der Angestellte ist nicht arbeitslosigkeitgesichert.

- Viele Marktforschungsunternehmen versuchen derzeit, die europäischen Konsumenten zu typologisieren.
  Wenn man Typen bildet, **typisiert** man. Das Ergebnis ist eine Typologie.

- Der ... Club zahlt für den Spieler XY 2,1 Mio DM Gebühr.
Gebühren haben hoheitlichen Charakter, Gebühren dürfen nur staatliche Einrichtungen verlangen. Im Bezugsfall geht es um eine Pachtsumme, erstaunlicherweise nicht um den Ablösebetrag für den Fußballspieler.

- Nicht umsonst gibt es dazu ein Erfolgsbuch.
„Umsonst" heißt gratis. Hier ist indessen gemeint: Wen wundert's, daß es dazu ein Erfolgsbuch gibt? Nicht von ungefähr ...!

- Das Konzept erlaubt es, aktuelle und potentielle Kunden hinsichtlich ihres Bedarfs zu bewerten.
„Aktuell" ist alles andere als das Gegenteil von „potentiell". Der *Duden* gibt die Bedeutung des Wortes mit „im augenblicklichen Interesse liegend, zeitgemäß" an. Informationen und Daten können „aktuell" (im Gegensatz zu „veraltet") sein, bei der Kategorie Kunden, die offensichtlich gemeint ist, handelt es sich indessen um derzeitige, wirkliche, tatsächliche, langjährige oder was auch immer, nur nicht um aktuelle.

- Sie setzen sich gegen ein Erziehungssystem zur Wehr, das zur Aufrechterhaltung der von ihnen verhaßten Ordnung beiträgt.
Eine Ordnung, ein System, eine Aufgabe ist mir **ver**haßt, oder all das wird von mir **ge**haßt. Es muß heißen: „ ... der von ihnen gehaßten Ordnung ..."

- In der Bundesrepublik Deutschland sollen von 2005 an bis zu 50 verschiedene Fernsehkanäle empfangen werden können.
Nicht Kanäle, sondern Sender werden empfangen.

- Demgegenüber stehen die Nachteile des „equity accounting".
Fast alle Fahrgäste sitzen, demgegenüber mußte ein alter Mann stehen. Hier werden – wie so häufig – „dem ... stehen ... gegenüber" und „demgegenüber" miteinander verwechselt.

- Als Indikator für die Ertragskräftigkeit kann auch der Börsenwert einer notierenden Aktiengesellschaft herangezogen werden.
Es läßt sich nicht bestreiten, daß sich viele so ausdrücken. Dennoch gibt es keine „notierenden" Aktiengesellschaften. Da würden die AGs notieren und nicht notiert werden. Außerdem geht es um die „Ertragskraft", nicht um „Kräftigkeit".

- Der Lieferbereitschaftsgrad setzt den in der geplanten Servicezeit befriedigten Bedarf in Relation zum angeforderten Bedarf.
„Bedarf" ist ein nicht zählbarer Begriff; es gibt auch keinen „angeforderten Bedarf". Durch ein Abheben auf „Menge" wäre alles klar.

- Einzig die Debitoren sind in einer Kennziffer in Abhängigkeit zum Umsatz definiert, die Kreditoren in Abhängigkeit vom Wareneinsatz.

  Zunächst handelt es sich um eine Kenn**zahl**; sodann ist der Wechsel zwischen „zum" und „vom" inkonsistent, das „zum" ohnedies falsch („Abhängigkeit **vom**"...).

- Was die Kinos mit Erfolg praktizieren, könnten die Theater ebenfalls adaptieren.

  Der Umgang mit Fremdwörtern ist Glückssache. Nicht „adaptieren" (= anpassen an), sondern „adoptieren" (= übernehmen, sich zu eigen machen) ist gemeint. Das „ebenfalls" hat keine Daseinsberechtigung.

- Immer mehr Mädchen lernen einen Beruf.

  Manch einer lernt nützliche Dinge, z.B. Vokabeln oder Klavier zu spielen, aber er erlernt einen Beruf.

- Mit dieser Feststellung ist der Zugang zu einem ersten Problembereich geschaffen.

  Der Autor hat den Zugang geschafft, zuwege gebracht, während der Bildhauer eine Büste geschaffen hat.

- ..., wo ein Pro-Kopf-Einkommen von 3500 US $ verdient wurde.

  Ein Einkommen von ... US $ wird angestrebt, erreicht etc. Wenn sich jemand sein Salär durch übermenschliche Anstrengungen wahrlich „verdient" hat, bringt das Wort etwas ganz anderes zum Ausdruck.

- Da alle Bedingungen ... einbezogen werden sollten, scheint die Umschreibung „branchenspezifische Rahmenbedingungen" präziser.

  Die Umschreibung „scheint" nicht, sie „erscheint" präziser. Es scheinen nur Sonne, Mond und Sterne. Nach dem *Duden* (1991) ist die monierte Formulierung allerdings zulässig. Nicht akzeptieren läßt sich allerdings folgende widersinnige Formulierung: „ Nur eines scheint sicher: ..." Entweder die Sache **ist** sicher, oder sie scheint ... (was ?) ... zu sein.

- Inzwischen rutscht der Dollar scheinbar ohne Halt weiter.

  Hier wird „scheinbar" mit „anscheinend" verwechselt. „Scheinbar" bedeutet: Der Schein trügt; in Wirklichkeit ist es nicht so; „anscheinend" dagegen heißt: Es sieht ganz so aus, als ob ... Offenkundig gibt's kein Halten mehr.

- ...wurde auf die Erhebung unternehmensspezifischer Daten verzichtet, die sonst auch den einen oder anderen Händler von der Beantwortung des Fragebogens abgehalten hätte.

  Das „sonst auch" verkörpert Umgangssprache. Die Crux des Satzes liegt freilich ganz woanders: Man kann zwar Fragen beantworten,

einen Fragebogen aber nur ausfüllen. Dieser Fehler unterläuft selbst
Profis. Die zitierte Zeitung beklagt: *„Daimler* gehört zu den Unternehmen, die den Fragebogen der *ZEIT* nicht beantwortet haben."

• Ende 19.. wies Japan gegenüber der Bundesrepublik Deutschland
eine Nettogläubigerposition bei den Direktinvestitionen aus.
Japan „wies ... auf"; „ausweisen" ließe vermuten, daß man sonst
z. B. keine Zahlen publiziert hat.

• Es handelt sich um eine Anpassungsform, bei der die Zahl der sich
im Einsatz befindlichen Potentialfaktoren geändert wird.
Es gibt zwei Möglichkeiten, die nicht miteinander vermengt werden
dürfen: „der sich ... befindenden" oder „der im Einsatz befindlichen".

• Die Anzahl von fünf zu bestimmenden Auswahlkriterien sollte nicht
erweitert werden.
Die „Anzahl" kann man vermindern, erhöhen etc.; „erweitern" läßt
sich höchstens die Basis, also ein Begriff, der Assoziationen zu Raum
hervorruft.

• Der Zusammenhang zweier Größen läßt sich anhand des Korrelati-
onskoeffizienten bestimmen.
Auf sicherem Terrain würden wir uns bewegen, wenn wir den Gedanken wie folgt ausdrückten: „Inwieweit zwei Größen miteinander
zusammenhängen, läßt sich mittels des (bzw. eines) Korrelations-
koeffizienten bestimmen." Die ursprüngliche Fassung deutet auf ein
„alles oder nichts", nicht aber darauf hin, daß zwei Größen unter-
schiedlich stark miteinander zusammenhängen können.

• Seitdem wurden solche Einfuhrdepots allerdings nicht mehr erlassen.
Depots werden errichtet oder eingerichtet.

• Das erlaubt auch einen besseren Eindruck auf die Informationsfülle
des Wirtschaftsarchives.
Dieser Satz ist ziemlich schief angelegt. Weshalb nicht so: „Dadurch
kann man einen besseren Eindruck von ... gewinnen."

• Europäische Artikelnumerierung = 13stellige Ziffer zur Identifikati-
on einzelner Artikel eines Herstellers
Etwas, was 13 Ziffern umfaßt, ist zweifellos eine Zahl. Man beachte,
daß „Numerierung" in der Tat mit nur **einem** „m" geschrieben wird.

• Die vorgesehene Maßnahme birgt erhebliche Gefahren.
Höchstens birgt sie „... in sich". Richtig ist dagegen: Der Seenotret-
tungskreuzer birgt immer wieder Schiffbrüchige.

• Dank seiner Krankheit konnte sich Examenskandidat N. N. auf
geschickte Weise vor der Prüfung drücken. Dank seiner Krankheit

konnte N. N. nicht das alles entscheidende Bewerbergespräch führen, so daß ein anderer Interessent zum Zuge kam.
„Dank" darf nur verwendet werden, wenn man „Gott sei Dank!"
meint. Im zweiten Satz ist dem wohl nicht so.

• Durch seine Unfähigkeit verlor er die Stelle.
  Es muß heißen: Wegen seiner ..., auf Grund seiner ... Ähnlich:
  Infolge eines Reifendefekts überschlug sich das Auto dreimal. Hier
  ist das eine wirklich die Folge des anderen. Dagegen erreicht man
  durch die, nicht wegen oder infolge der Verschmelzung von zwei or-
  ganisatorischen Einheiten einen synergetischen Effekt.

Bei den folgenden Beispielen ist zwar nichts falsch, doch rebelliert
jeweils das Sprachgefühl eines empfindsamen Lesers. Das Problem liegt
darin, daß die Autoren die störende Wiederholung identischer Wörter
entweder nicht erkennen oder bewußt nichts dagegen unternehmen.
Zumeist läßt sich ein gewisses Maß an Abwechslung erreichen, ohne
daß das Verständnis eines Satzes oder Absatzes darunter leidet.

Wenn allerdings ein logischer bzw. mathematischer Beweis geführt
wird und die dafür benötigten Variablen in einer ganz bestimmten
Weise definiert werden, hat semantische Exaktheit Vorrang vor dem
Bemühen um Vermeidung von Sterilität. Es sei auch nicht verschwie-
gen, daß in der schöngeistigen Literatur die Wiederholung von Wörtern oder Textbausteinen ein bewußt eingesetztes Ausdruckselement
sein kann. Bei wirtschaftswissenschaftlichen Abhandlungen ist allerdings eher davon auszugehen, daß sich die betroffenen Autoren nicht
viel um Sprachästhetik gekümmert haben.

• Die gesetzlichen Vorschriften schreiben für die Erfüllung der Buch-
  führungspflicht keine bestimmte Buchführungsform vor.
  Daß Vorschriften „vorschreiben", ist unbeholfen. Auf eines der
  beiden „Buchführungs-" könnte verzichtet werden. Dadurch würde
  der Satz längst nicht mehr so schwerfällig wirken.

• Im Förderzeitraum erfolgte keine Vergabe von Fördermitteln.
  Zweimal „Förder-" und dann noch „erfolgte ... Vergabe" – Stil vom
  Typ Landratsamt!

• Die sich ergebende Nettokapazität der drei Maschinen ist Tabelle 4
  zu entnehmen. Die Berechnung der Nettokapazität soll am Beispiel
  der Maschine 1 erläutert werden.
  In diesem Satz werden zwei Wörter unnötig wiederholt. „Die ...
  Nettokapazität der drei Maschinen ist ... zu entnehmen, wobei deren Berechnung am Beispiel der ersten erläutert werden soll."

- Jeder Auftrag erfordert die Montage bestimmter elektronischer Komponenten. Grundsätzlich sind zwei Arten von Komponenten zu unterscheiden: ...
Das wirkt äußerst umständlich. Es bietet sich an, etwa wie folgt zu formulieren: „... Komponenten, von denen es zwei Arten gibt" oder „... Komponenten, bei denen man zwei Varianten unterscheidet".

Exkurs: Von der Nützlichkeit eines Englischlexikons

Ziemlich danebengreifen kann man, wenn man im Englischen Anleihen aufnimmt, ohne zu wissen, was die einzelnen Wörter genau bedeuten. So ist „The Theory of the Firm", der Titel eines bekannten Buches einer britischen Professorin, nicht mit „Die Theorie der Firma", sondern mit „Die Theorie der Unternehmung" oder „Unternehmenstheorie" zu übersetzen. Das Verbum „to control" heißt nicht nur beaufsichtigen, überwachen, kontrollieren, sondern auch bewirtschaften, regeln, steuern. Und „sportive" bedeutete zumindest bisher nicht sportlich, sondern lustig, scherzhaft. Ebenso häufig wird „ultimate" (= letzt-, letztendlich) falsch übersetzt; mit ultimativ hat es nicht die geringste Gemeinsamkeit. Was auch nicht allzuviele wissen ist, daß „industry" zwar Industrie, aber auch Wirtschaftszweig heißt. Deshalb gibt es z. B. eine „service industry" (= Dienstleistungssektor).

Bei einer „concerted action" (Konzertierte Aktion!) wird nicht musiziert, sondern gemeinsam etwas unternommen. Ein „network" ist ein Netz und nur selten, z. B. in der Elektrotechnik, ein Netzwerk. Und wenn jemand bekennt, er realisiere, eine Dummheit begangen zu haben, hätte er „to realize" besser mit erkennen, sich klarwerden, sich bewußt werden oder begreifen übersetzt, was das Wort wirklich bedeutet.

„Brandneu" ist ein Gut nicht dann, wenn es vorher gebrannt wurde, sondern wenn ihm aufgeprägt („brand" = u. a. Marke; vgl. brandmarken) worden ist, daß es nagelneu („brand-new") sei. Windjammer hat nichts mit Stöhnen und Seufzen zu tun, sondern kommt von „to jam" (= u. a. klemmen, zwängen, quetschen, pressen, sperren, hemmen, festsitzen) und bedeutet Großsegler, aber auch Windmacher und Schwätzer.

Sagt oder schreibt jemand, das Publikum habe sich bei den Künstlern mit stehenden Ovationen („with standing ovations") bedankt, so standen nicht die Huldigungen, sondern jenes hat seinen Beifall begeistert im Stehen gespendet.

Geradezu ein Musterbeispiel für Gedankenlosigkeit oder Unfähigkeit ist es, „virtual reality" mit „virtuelle Realität" zu übersetzen. Streng genommen ist hier überhaupt nichts übersetzt worden. Dem Wort „virtual" entsprechen Umschreibungen wie quasi, so gut wie, praktisch schon . . ., geradezu. Mit Pseudowirklichkeit kommt man der Sache am nächsten, auch wenn man damit keinen Volltreffer erzielt.

Wenn einem das Wort „methodology" begegnet, dann ist fast immer Methodik, und nicht Methodologie, was es auch bedeuten kann, gemeint. Das deutsche Methodologie wird man in der Regel mit „philosophy of science" oder „epistemology" übersetzen.

2. Worthülsen, Wortschöpfungen und Unwörter

Schon in der Schule wird einem eingetrichtert, daß es reichlich einfallslos sei, einen Aufsatz in „Einleitung", „Hauptteil" und „Schluß" zu gliedern. An vielen Ökonomen muß die Botschaft spurlos vorübergegangen sein; denn einen Artikel oder eine Diplomarbeit mit „Einleitung" zu beginnen und das Elaborat mit „abschließenden Bemerkungen" oder „Resümee" zu beenden erfreut sich größter Beliebtheit. Es handelt sich hierbei um Worthülsen, die eigentlich nichts zum Ausdruck bringen.

Daß man bei fachlichen Abhandlungen im Gegensatz z.B. zu Nachrichtenmagazinen nicht sogleich mit der Türe ins Haus fällt und erst einmal das zu behandelnde Problem in einen größeren Zusammenhang einordnet, daß man dessen Relevanz für Unternehmen oder Gesamtwirtschaft verdeutlicht, den Blickwinkel fixiert, aus dem man das Thema anpacken will, oder vor der Brisanz der Materie warnt, versteht sich von selbst. Erst danach geht es richtig los.

Spiegelbildlich dazu wird man eine Ausarbeitung nicht abrupt beenden, sondern das Ganze ausklingen lassen, indem man die Befunde relativiert, auf Restriktionen, denen man bei der Datenbeschaffung unterlegen war, hinweist, die Konsequenzen verdeutlicht, die sich aus den gewonnenen Einsichten ergeben, usw. So etwas kommt notwendigerweise am Ende. Das weiß jeder, und deshalb wird es nicht gelingen, bei Lesern mit der Ankündigung, es folge nun der „Schluß", Neugierde zu wecken. Es erscheint viel sinnvoller, materiell zu argumentieren, also das anzudeuten, was in dem abschließenden Teil wirklich ausgeführt wird.

Vor allem Studierenden dringend abzuraten ist auch, sich als Wort-schöpfer zu betätigen. Die Wahrscheinlichkeit, daß hierbei jemand ins Schwarze trifft und einen Begriff kreiert, der sich danach durchsetzt, ist geringer als die, einen Millionengewinn im Lotto zu erzielen. Natürlich lebt die Sprache, und es wäre absurd zu leugnen, daß ab und zu neue Wörter aufkommen. Gleichwohl sollte, wer sich nicht gerade dazu berufen fühlt, die Finger von solchen Abenteuern lassen. Meist steckt dahinter nicht ein Übermaß an Kreativität, sondern das Gegenteil, die Unfähigkeit, einen bestimmten Gedanken auf ansprechende Art auszu-drücken.

Die *Gesellschaft für deutsche Sprache* ruft alljährlich das „Unwort des Jahres" aus. Nicht um Politikerschelte, Absonderliches, Anstößiges oder Spektakuläres geht es an dieser Stelle, sondern um ganz harmlose Wörter, die unter Ökonomen außerordentlich beliebt sind, die man aber aus stilistischen Gründen überhaupt nicht verwenden oder nur sehr spärlich einsetzen sollte. Manche davon erscheinen unsinnig, ande-re wirken farblos, klingen nach Gesetzes- und Verwaltungsdeutsch oder blähen Sätze unnötig auf. Zur ersten Kategorie zählen „Unko-sten", „vorprogrammieren", „aufoktroyieren" und „beinhalten".

„Programmieren" leitet sich von „prographein" ab, was laut Grie-chischlexikon „vorher schreiben oder eintragen, voranschreiben, vor-herbezeichnen; vormalen, vorzeichnen" bedeuten kann. Jedes dieser Verben beginnt mit „vor-". Wozu dann noch ein weiteres „vor-"? Das französische „octroyer" bedeutet bewilligen, verleihen, aufzwingen. Es ist sinnlos, etwa dem „aufzwingen" ein „auf-" vorzuschalten. „Beinhal-ten" erinnert in fataler Weise an jemanden, der sich vor Schmerz das „Bein halten" muß. Gibt es etwa ein „beumfangen" oder „beausma-ßen"? Mit „enthalten", „umfassen", „einschließen" oder „einbeziehen" existieren genügend Alternativen.

Zur zweiten Sorte Unwörter gehören „vornehmen", „erfolgen", „durchführen", „machen" und „stattfinden". Das erste Verbum ist nicht etwa im fast schon umgangssprachlichen Sinne gemeint. Diesen Kerl werde ich mir vornehmen. Nein, die Betroffenen scheuen sich, ein simples Zeitwort zu verwenden, oder meinen, ein substantiviertes Ver-bum in Verbindung mit „vornehmen" habe mehr Gewicht oder wirke gewählter. Das Gegenteil ist der Fall!

- Dazu ist anzumerken, daß in allen Verfahren Analysen und in den Checklistenverfahren, dem Punktbewertungsverfahren und dem se-quentiellen Bewertungsverfahren die Bildung von Prognosen vorge-nommen werden.

Grauenhaft! Hier „werden (!) . . . die Bildung von Prognosen vorge-
nommen". Außerdem wimmelt es geradezu von „Verfahren". Unge-
schickter geht's nicht! Häufig werden auch „Analysen" oder eine
„Neuorganisation vorgenommen".

„Erfolgen" ist seelenlos. Man erkennt nicht den Akteur. Alles geschieht
automatisch. Oft ist dabei zudem nicht klar, ob mit „erfolgen" ein „hat
zu geschehen" gemeint ist.

• Die Gewinnzurechnung erfolgt allein aufgrund der wirtschaftlichen
  Einheit.
  „Der Gewinn wird . . . zugerechnet" wäre zwar noch keine gute,
  aber eine bessere als die ursprüngliche Formulierung.

„Durchführen" klingt nach Durchführungsverordnung, nach Amts-
deutsch.

• Es wird quasi ein Bewertungsprozeß durchgeführt.
  Ein ökonomischer, psychischer oder physikalischer Prozeß läuft ab,
  einen juristischen veranstaltet man. Der letzte der Abschreckung
  dienende Satz drückt aus, daß etwas bewertet wird.

Im übrigen wird heutzutage nicht mehr „versucht", sondern nur noch
ein „Versuch gemacht", „Versuch unternommen". Weshalb einfach,
wenn's auch kompliziert geht?

Ähnlich schwerfällig wirkt folgende Mitteilung:

• Die Erfüllung dieser Aufgaben geschieht vor allem mittels . . .
  Weshalb nicht: „Diese Aufgaben werden dadurch erfüllt, bewältigt,
  gelöst, . . ., daß . . ."

Nahtlos schließt sich eine weitere Klasse vermeidbarer unbeholfener
Wendungen an: abhängig sein, ausreichend sein, gültig sein, zutreffend
sein. Dabei wird jeweils ein problemlos zu handhabendes Verbum
durch ein von diesem abgeleitetes Adjektiv und das Hilfszeitwort
„sein" ersetzt. Dies führt dazu, daß in Texten noch viel häufiger, als es
ohnehin schon sein muß, „ist" und „sind" vorkommen. Das Hilfszeitwort soll keineswegs aus der deutschen Sprache verbannt werden, aber
wo immer es geht, sollte dieses einem kräftigen Zeitwort Platz machen.

• Ist diese Erklärung zutreffend, kann diese Organisationsform als
  chancenreich gelten.
  Besser: „Trifft diese Erklärung zu, . . ."

• Ein zwingendes Erfordernis (nur **ein** „s" und „das"!) der Einsetzbar-
  keit der multiplen Regressionsanalyse besteht darin, daß die Prädiktoren nicht voneinander abhängig sind, also keine Multikollinearität
  vorliegt.

Hier könnte man gefahrlos sagen: „daß die Prädiktoren nicht voneinander abhängen". Die Konstruktion „abhängig sein" hat sich allerdings weithin durchgesetzt, wenn eine Sucht (Alkohol, Drogen) den Bezugspunkt bildet.

- Sofern die Einschränkung gültig ist, läßt sich das Vorhaben aus Gründen fehlenden Geldes nicht verwirklichen.
  Mit „sofern die Einschränkung gilt" würde man eines der vielen „ist" aus dem Weg räumen.

Fast schon die Funktion eines Hilfszeitwortes erlangt hat mittlerweile das Verbum „finden": Anwendung finden, Beachtung finden, Berücksichtigung finden, Bestätigung finden, Erklärung finden. Überall wird gefunden! Befund: in allen Fällen überflüssig.

3. Offene und versteckte Pleonasmen

Schreibt jemand weißer Schimmel, alter Greis oder nasses Wasser, wird er vom Leser wegen seiner Einfältigkeit belächelt. Doch nicht immer sind Pleonasmen so leicht zu erkennen. Manchmal resultiert daraus – weit über einen Schönheitsfehler hinausgehend – sogar ein logisches Problem. *Karl Popper* (1991, S. 103) hält es gar für eine „Sünde gegen den heiligen Geist", wenn jemand „Tautologien und Trivialitäten gewürzt mit paradoxem Unsinn" von sich gibt und so dem „Phrasendreschen" verfällt.

- Der Wirbelsturm *Edda* richtete schwere Verwüstungen an.
  Wenn das Land nachher wie eine Wüste aussieht, kann ein Wirbelsturm keine Bagatelle gewesen sein.

- Das Haus, das zum Verkauf ansteht, ist neu renoviert.
  Ein „alt renoviertes" würde wohl keiner erwerben.

- Kein Designer ist in der Lage, zukünftige Trends zu prognostizieren.
  Das „zukünftige" ist absolut überflüssig.

- Die verschiedenen Erfolgskomponenten haben entscheidenden Einfluß auf die Prognosefähigkeit des zukünftig zu erwartenden Ertrages.
  Hieße es „die Beiträge der verschiedenen Komponenten bzw. Bereiche zum Ertrag lassen sich nicht gleichermaßen gut prognostizieren", wüßte man, was gemeint ist. So aber wird man aus dem Satz nicht schlau. Im übrigen liegt „zukünftig zu erwartenden" wiederum auf derselben Ebene wie „weißer Schimmel".

- An dieser Stelle sei die Thematik und der Gedankengang kurz skizziert.
  Sie seien skizziert. Das Verbum „skizzieren" impliziert bereits „kurz".

- Das Problem soll noch einmal wiederholt werden.
  Wenn das Problem „noch einmal" wiederholt werden soll, würde dieses mindestens schon das dritte (!) Mal dargelegt.

- Freilager sind üblich bei . . ., für kurze Lagerzeitdauer auch bei Fertigprodukten.
  Richtig wären sowohl „für kurze Lagerzeit" als auch „für kurze Lagerdauer".

- Bei der Neueinführung von Produkten ist die Absatzkanalentscheidung wesentlich von dem für das bisherige Absatzprogramm gewählten Absatzkanalsystem eingegrenzt.
  Produkte werden nicht „neu eingeführt", sondern es werden neue Produkte auf den Markt gebracht. Außerdem wirkt die dreimalige Verwendung von „Absatz-" hintereinander unbeholfen.

- . . ., daß fast die Hälfte des gesamten Exports durch die Ausfuhr von Gold und etwa ein weiteres Drittel durch die Ausfuhr von anderen Rohstoffen zustandekam.
  Es muß heißen: „. . ., daß . . . die Hälfte des . . . Exports durch Gold und etwa ein zusätzliches Drittel durch andere Rohstoffe zustande kamen." Daß Exporte auf Ausfuhr beruhen, ist ein Pleonasmus, und „weiteres Drittel" impliziert, daß bereits einmal von einem Drittel die Rede war.

- Die Flexibilität beruht auf der Fähigkeit des Systems, das Auslesen und Einschreiben von Mitteilungen in die entsprechenden Teleboxen . . . zu ermöglichen.
  In diesem Satz stecken mindestens zwei Probleme: „Die Fähigkeit . . ., . . . zu ermöglichen", verkörpert einen Pleonasmus. Abgesehen davon, daß hier nicht „ausgelesen", sondern allenfalls „herausgelesen", nicht „eingeschrieben", sondern „hineingeschrieben" wird, entbehrt „Herauslesen . . . in die . . . Teleboxen" jeglicher Logik.

- Die Warenkennzeichnung dient Handelsbetrieben zur Rationalisierung des Lagerwirtschaft-Management.
  Einmal fehlt bei Management das Genitiv–s, zum anderen befindet sich bei „Lager**wirtschaft**-**Management**" ein Element zuviel an Bord.

- Die Frage der Zentralisation oder der Dezentralisation der Lagerhaltung ist ein generelles Entscheidungsproblem der Vorrats- bzw. Lagerwirtschaft.

Worin besteht das Entscheidungsproblem? Geht es um die **Frage** oder um **Zentralisation** bzw. **Dezentralisation**?

- Zu den Haupthindernissen im nahöstlichen Friedensprozeß gehören die ungelöste Frage nach dem Status von Jerusalem und die Existenz illegaler jüdischer Siedlungen in den besetzten Gebieten Westjordanland und Gaza.
  Das Problem ist nicht die Frage (des!), sondern der ungeklärte Status.

- Durch gleichzeitiges ein- oder mehrmaliges „Durchschreiben" der Buchungsniederschrift wird die Buchungs- und Kontrollarbeit wesentlich reduziert.
  Daß hier die „Niederschrift" durchgeschrieben wird, macht auch die Verwendung von Anführungszeichen nicht besser. Diese Wortkomponente ist völlig entbehrlich. Falls im übrigen die Buchungs- und die Kontrollarbeit zwei Vorgänge darstellen, dann „werden" diese reduziert.

- Und der Bottom-up-Prozeß beginnt neu von unten.
  Von wo sonst als von unten sollte er denn beginnen?

- Nach dem Volkszählungszensus im Jahr . . .
  „Zensus" heißt nichts anderes als Zählung. Besser also: „Nach den Ergebnissen der Volkszählung des Jahres . . ."

- . . . bei einer Neuaufnahme bisher nicht einbezogener Kredite . . .
  Es reichte „Aufnahme", es sei denn, man wollte hervorheben, daß es sich um die erstmalige Aufnahme von Krediten handelt.

- Entscheidungen sind zu treffen hinsichtlich der
  – Wahl der Transport- und Fördermittel und
  – Festlegung der Transportwege.
  Die Begriffe „Wahl" und „Festlegung" sind überflüssig, da das Anliegen bereits in dem Wort „Entscheidungen" enthalten ist.

- Mit Fremdkapital werden alle auf der Passivseite der Bilanz ausgewiesenen Schulden bezeichnet.
  Nach der Logik dieses Satzes müßte es auch auf der Aktivseite der Bilanz Schulden geben, die dann anders als Fremdkapital bezeichnet würden.

- Planungsmethoden . . . helfen dem Planer, . . . zukünftige Entwicklungen vorherzusagen.
  Eine Entwicklung (nicht: Entwicklungen), die in der Vergangenheit liegt, kann man nicht „vorhersagen". Das „zukünftige" ist daher überflüssig. Dem könnte man entgegenhalten, daß es so etwas wie eine Ex-post-Prognose gibt. Aber auch dies ist eine Art Vorhersage,

wenngleich zu einem in der Vergangenheit gelegenen Zeitpunkt und unter Heranziehung von Informationen abgegeben, die seinerzeit verfügbar gewesen wären. Im übrigen sollte der Wortstamm „Plan" im ersten Teil des Satzes nur einmal vorkommen, da die Aussage insoweit eine In-sich-Definition darstellt.

- Diese werden solange als offene Posten geführt, bis sie nach erfolgter Rechnungsbegleichung der Rubrik der ... zugeordnet werden können.
  Das „erfolgter" ist zu streichen. Hätte der Autor „bis sie nach Regulierung der Rechnung der Rubrik der ..." geschrieben, hätte er gar noch einen Stabreim produziert.

- Zuschreibungen sind Werterhöhungen mit dem Zweck, in früheren Perioden zu hoch angesetzte ... Abschreibungen wieder rückgängig zu machen.
  Ohne das „wieder" wäre alles klar. Die sind wohl schon einmal rückgängig gemacht worden.

- Beide Komponenten werden als variabel und damit veränderlich angesehen.
  So schreibt jemand, der Mühe hat, die Zeilen zu füllen. Der weiße Schimmel in Reinkultur!

- Der Bereich zählt zu den klassischen Anwendungsgebieten quantitativer, exakter Methoden in der Betriebswirtschaftslehre.
  Hier stellt sich die Frage, ob der Verfasser die exakten quantitativen mit inexakten quantitativen Verfahren konfrontieren wollte. Wortstellung und Komma lassen darauf schließen, daß es sich bei der fraglichen Stelle eher um einen Pleonasmus handelt.

- Liquidität ist die Fähigkeit der Unternehmung, die zu einem Zeitpunkt zwingend fälligen Zahlungsverpflichtungen uneingeschränkt erfüllen zu können.
  Es gibt fällige und nicht fällige Zahlungsverpflichtungen, aber keine „zwingend fälligen". Im übrigen ist „Fähigkeit ..., ... zu können", weit verbreitet, aber dennoch falsch.

- Die Standortentscheidung unterliegt u.a. folgenden Restriktionen: Bereits vorhandene bauliche Gegebenheiten, ...
  Was anderes als „vorhanden" und noch dazu „bereits" sind bauliche Gegebenheiten? Es gibt keine nicht vorhandenen baulichen Gegebenheiten. Freilich ist „bauliche Gegebenheiten" nicht sinngleich mit „Vorhandensein von Bauwerken".

- Die Entwicklung des Außenhandels ... in Angaben der Werte für die Jahre ... zeigt Tabelle 10.

Gemeint ist: „Die Entwicklung des Außenhandels ... in Werten des Jahres ..." oder „in Werten, die auf ... bezogen sind."

- Die Systematik ist breit und tief gegliedert und bereitet keine Probleme bei der Anwendung.
  Die Systematik ist „breit und tief" oder „breit und tief angelegt", „tief gegliedert" ist vielleicht das Inhaltsverzeichnis eines wissenschaftlichen Werkes.

- Es handelt sich um die bisher schwerste Katastrophe der Zivilluftfahrt.
  „Bis zum vergangenen Jahr" gäbe einen Sinn, weil es danach zu einer noch schlimmeren gekommen ist, aber „bisher" ist „Sinn-los". Den Bezugsrahmen bildet all das, was tatsächlich geschehen, nicht das, was vorstellbar ist.

- Es sieht alles danach aus, als ob wir unsere wirtschaftspolitischen Zielsetzungen ändern müßten.
  Dieser Satz ist aus zwei Gründen falsch: Wir haben nur eine einzige Zielsetzung, weil wir nur einmal Ziele gesetzt haben; außerdem müssen wir unsere Wirtschaftspolitik ändern; denn dieses Wort bedeutet u. a. das Setzen von Zielen.

- Die zentrale Behauptung des Ertragsgesetzes ist eine Verlaufshypothese und bezieht sich auf den Verlauf der partiellen Ertragsfunktionen.
  Sprachlich zweckmäßiger wäre es zu sagen: „Den Gegenstand (Kern etc.) des Ertragsgesetzes bildet eine Hypothese, die sich auf den Verlauf der partiellen Ertragsfunktionen bezieht." Allerdings stimmt die Aussage inhaltlich nicht; denn es geht dabei nicht allein um den Verlauf partieller Ertragsfunktionen.

4. Der Verlust der Eindeutigkeit durch Verdopplung der Wortzahl

Im folgenden findet sich eine Reihe von Beispielen für Pleonasmen eher verkappter Natur sowie für Aussagen, die überbestimmt sind.

- Die Remanenzerscheinung dieses Nachhinkens von Kosten bei Beschäftigungsrückgängen erklärt sich mit der Einwirkung zusätzlicher Bestimmungsgrößen neben der Beschäftigung.
  Besser wäre: „Die sog. Kostenremanenz besteht darin, daß Kosten bei Beschäftigungsrückgang (von dem Wort gibt es keinen Plural!) weniger stark fallen, als sie im selben Intervall bei Beschäftigungsausweitung steigen." Ferner: „Sie erklärt sich aus (nicht „mit") der

Einwirkung von Bestimmungsgrößen, die zur Beschäftigung als Verursachungsfaktoren hinzutreten."

- Betriebsgrößenvariationen schließen eine Abfolge von Kostenfunktionen mit zu jeder Betriebsgröße zugehörigen fixen und variablen Kosten ein.
  Das erste „zu" ist zuviel des Guten.

- Die *Deutsche Shell AG* hat ab sofort ihre Preise für Benzin um 3 Pf./l erhöht.
  Wenn sie hat, dann hat sie. Das „ab sofort" ist völlig überflüssig. Vorstellen könnte man sich: „. . . erhöht ab sofort, . . . erhöht mit Wirkung vom nächsten Montag ihre Preise."

- In einem Verwaltungslexikon heißt es unter „Zweitbescheid": Die Behörde wiederholt eine getroffene Regelung nochmals und eröffnet damit, entgegen der bereits eingetretenen Unanfechtbarkeit, erneut den Rechtsweg.
  Sofern das „nochmals" ernst gemeint ist, ergeht die dubiose Regelung mindestens schon zum dritten Mal.

- Erwartungen entstehen durch Vorankündigungen von Produkten vor deren Markteinführung.
  Richtig heißt der Satz: „Erwartungen entstehen durch Ankündigung von Produkten vor deren Einführung in den Markt."

- Die Distributionslogistik hat darauf zu achten, daß die Waren . . . stets in der richtigen Menge und zum richtigen Zeitpunkt zur Verfügung stehen.
  Der Satz ist überbestimmt. Es sollte etwa heißen: „. . . daß die Waren jederzeit in der richtigen Menge zur Verfügung stehen."

- . . . weil die in Betrieb genommenen Aggregate die gleiche Zeitdauer lang mit derselben Geschwindigkeit arbeiten.
  Erstens ist hier das „-dauer" überflüssig, zweitens führt die doppelte Gleichsetzung (gleiche Zeit, dieselbe Geschwindigkeit) zu einer Überbestimmung der Aussage. Die Formulierung könnte richtig sein, würde dann aber etwas akzentuieren, nämlich daß alle Maschinen zufälligerweise oder gewollt genau die gleiche Zeit dieselbe Arbeitsgeschwindigkeit aufweisen.

- Für jede Fertigungsstufe wird das Material . . . vollständig ausgewiesen, d.h., eine Materialposition wird u.U. in verschiedenen Stufen mehrfach erfaßt.
  Diese Aussage ist überbestimmt. Es muß entweder „in verschiedenen Stufen erfaßt" oder „mehrfach erfaßt" heißen.

- Die zwischen Bestell- und tatsächlichen Liefermengen auftretenden Abweichungen sind denkbar gering.
  Es handelt sich um Abweichungen zwischen bestellten und (letztlich, tatsächlich, insgesamt etc.) gelieferten Mengen.

- Substitutionalität von Einsatzgütern in einem bestimmten Produktionsprozeß bedeutet, daß zur Herstellung einer bestimmten Ausbringungsmenge mehrere verschiedene Kombinationen von Mengen an Einsatzgütern möglich sind.
  „Mehrere" Kombinationen heißt schon „verschiedene". Eines der beiden Adjektive ist überflüssig, mehr noch: es verwirrt.

5. Die Angst des Autors vor dem Singular

Viele Autoren trauen dem Singular nicht. Dabei ist die Verwendung des Plurals oft nicht nur unnötig, sondern sogar auch falsch. Nicht selten wirkt dieser aufgesetzt, mitunter sogar lächerlich. Im folgenden finden sich rund drei Dutzend Beispiele für Begriffe, die dafür in besonderem Maße anfällig erscheinen. Geordnet sind sie nach dem Alphabet.

- Die einzelnen Produkte weisen in Bezug auf ... **Ähnlichkeiten** auf.
  Erstens muß es „Ähnlichkeit" heißen, zweitens schreibt man „bezug" hier klein, und drittens hatte der Autor ohnehin Angst davor, ein Verbum zu verwenden. Weshalb nicht: „Die einzelnen Produkte ähneln sich in bezug auf ..."

- Die Zahlen vermitteln interessante **Aufschlüsse** über dieses Unternehmen.
  Mehr als einen Aufschluß schaffen sie nicht.

- Jedes Individuum kennt die (Erst-)**Ausstattungen**, Präferenzen und Technologien der übrigen Individuen.
  Die Betroffenen verfügen über eine bestimmte „Ausstattung" und wahrscheinlich nur eine einzige „Technologie", können aber durchaus verschiedene „Präferenzen" haben. Im übrigen wirkt es einfallslos, wenn jemand zweimal hintereinander das Hauptwort Individuum verwendet.

- Dies hat zur Folge, daß Vergleichspreise nur innerhalb gewisser **Bandbreiten** ermittelt werden können.
  Die Zone, innerhalb der Preise ermittelt werden können, zeichnet sich durch eine gewisse Breite aus. Es gibt keine Breiten, folglich auch keine Bandbreiten. Man kann auch nur eine Breitseite abgeben.

- Die Bedarfsmengenkontrolle dient der Feststellung von **Differenzen** zwischen geplanter und tatsächlicher Bedarfsmenge.
  Wenn „Bedarfsmengenkontrolle" mit „Bedarfsmenge" verknüpft wird, handelt es sich um eine In-sich-Definition. Außerdem haben die beiden Arten von Mengen keine Differenzen (= Streitigkeiten) miteinander, sondern es tritt allenfalls eine Differenz zwischen ihnen auf.

- Da wir nicht wissen, was die wahren **Entschlossenheiten** des Herrn ... sind, ...
  Es gibt doch keine Entschlossenheiten, auch nicht für die *FAZ*!

- All dies wäre ein leichtes, könnte man sich auf die verschiedenen **Entwicklungen** einstellen.
  Das Schicksal und auch der *Duden* sehen nur eine – welche auch immer – Entwicklung vor.

- Die Qualität der Mitarbeiter ließe sich durch regelmäßige **Fortbildungen** verbessern.
  Es gibt nur Bildung, Fortbildung, Schulung.

- Die Maschine arbeitet mit wechselnden **Geschwindigkeiten**.
  Die Geschwindigkeit wechselt, deswegen handelt es sich um „wechselnde Geschwindigkeit".

- In solchen Fällen leisten Unternehmensberater **Hilfestellungen**.
  Der *Duden* läßt überraschenderweise nicht einmal zu, daß die „Stellungen" im Grabenkrieg heftig umkämpft gewesen seien. Deshalb leisten Unternehmensberater Hilfestellung, besser noch: Hilfe.

- **Inhalte** eines zur Verbesserung der gegebenen Stituation bestimmten Programms sind ....
  Das Programm hat einen – und nur einen – Inhalt. „Der Inhalt" enthält, umfaßt alles – ebenso wie „das Universum".

- Von der Belebung der Weltnachfrage hätten vor allem die deutschen Investitionsgüter**industrien** profitiert.
  Es gibt keine „Industrien", sondern nur eine Industrie.

- Häufig werden sie mit wechselnden **Intensitäten** durchgeführt.
  Es muß heißen „mit wechselnder Intensität"; außerdem sollte man möglichst wenig „durchführen".

- Die kognitiven **Kapazitäten** der Individuen sind unbegrenzt.
  Wenn dem so wäre, wäre die „Kapazität" unbegrenzt. Sofern heutzutage von „Kapazitäten" die Rede ist, meint man Koryphäen. Noch solch ein Fall:

Die Entwicklung der Telekommunikationsmärkte hat zu einer kräftigen Zunahme nach Satelliten**kapazitäten** geführt.
Wie bitte? „Zunahme nach . . . -Kapazitäten!" Gemeint ist „Kapazität" und zugenommen hat die Nachfrage nach . . .

* Die **Kontinuitäten** der deutschen Staatsrechtslehre . . . haben einen
. . .. Antimodernismus begünstigt.
Auch wenn einer der berühmten klugen Köpfe hinter diesem Satz steckt, gibt es doch keinen Plural von Kontinuität.

* Ohne **Kooperationen** werden kleine und mittelständische Unternehmen kaum noch in der Lage sein zu überleben.
Die Organisationsform, um zu überleben, heißt Kooperation. Gleichwohl nennt man bestimmte Verbundformen im Handel „Kooperationen".

* Diese Maßnahme ist mit erheblichen **Kosteneinsparungen** verbunden.
Daran wird sich kaum noch jemand stoßen. Und doch: Führt die Maßnahme zu „Einsparungen" oder zu einer „Einsparung"? Wenn schon in diesem simplen Satz der Singular nicht reichen sollte, kann man sich kaum noch einen Fall vorstellen, wo jener seine Daseinsberechtigung hat.

* Man hat dabei alle Kosten und **Nutzen** gegeneinander abzuwägen.
Von dem Wort Nutzen gibt es keinen Plural. Man könnte sich hier mit „Nutzenkomponenten" oder „Nutzenelementen" behelfen.

* Der Konzern erwartet in diesem Jahr zwar keinen Rückschlag in der Ertragsentwicklung, aber die optimistischen **Planungen** vom Jahresbeginn hält der scheidende Vorstandsvorsitzende für überholt.
Derselbe Fall wie vorher. Kein Plural !

* Ein Unternehmen kommt nicht umhin, regelmäßig nach Kostensenkungs**potentialen** zu suchen, um wettbewerbsfähig zu bleiben.
Der *Duden* umschreibt Potential mit Leistungsfähigkeit; in der Physik bezeichnet das Wort ein Maß für die Stärke eines Kraftfeldes. Auch wenn die Bildung des Plurals zulässig ist, verfügt ein Unternehmen doch nur über ein einziges Erneuerungs-, Investitions-, Kostensenkungs- oder Wachstumspotential.

* Die **Produktionen** arbeiten nach bewährten Konzepten.
„Produktionen" ist hier falsch. Dieses Wort gibt es zwar, aber in einem ganz anderen Kontext: Filme, Opern-, Theaterinszenierungen, Konzertaufführungen. Das Ziel besteht darin oder die Mittel reichen nur dafür, pro Jahr x „Produktionen" herauszubringen.

- Solange dafür nicht einheitliche **Regelungen** getroffen werden, wird sich an den Gegebenheiten nichts ändern.
  Wenn etwas geregelt wird, resultiert daraus eine Regelung. Kein Plural!

- Wäre es nicht zu solch verheerenden **Rückgängen** bei der Nachfrage von Stammkunden gekommen, hätte sich das Unternehmen noch retten können.
  Derselbe Fall wie vorher! „Rückgang" reicht!

- Dem Trend läßt sich nur durch gezielte **Schulungen** entgegenwirken.
  Es gehen nur „Schulung" oder „Schulungsmaßnahmen".

- Die getroffene Regelung läßt den Beteiligten beachtliche **Spielräume**.
  „Spielraum", und nichts anderes !

- Vielleicht haben sie ganz andere Vorstellungen über das Ausmaß der **Staatstätigkeiten** als wir.
  Wenn es darum geht, inwieweit der Staat tätig werden soll, muß es zwingend „Staatstätigkeit" heißen. Gleichwohl steht fest, daß jeder von uns den Tag über verschiedenen Tätigkeiten nachgeht oder ganz unterschiedliche Tätigkeiten ausübt. Im übrigen hat man eine Vorstellung „von" etwas.

- Es werden in der *Bundeswehr* übergreifende **Strukturen** zur Verzahnung von Verbänden aus den östlichen und westlichen Bundesländern angestrebt.
  „Struktur" bedeutet nichts anderes als das Ergebnis der Gliederung eines Ganzen mittels eines oder mehrerer Kriterien. Insofern hat jedes Ding nur eine einzige Struktur. Mittlerweile entschwebt das Wort aber ins Nebulöse, Wolkige. Wer sich nicht festlegen will oder kann, redet von „Strukturen". Dazu auch das folgende Beispiel:

- Auch die **Struktur** der Gruppe ist nicht übersichtlicher geworden. Ob die komplizierten **Strukturen** dazu dienen sollen, daß die Konkurrenz der *Rewe* nicht in die Karten schauen kann, oder ob sie einen anderen Sinn haben, bleibt offen.
  Hier kommt zu allem Überfluß noch Inkonsistenz hinzu. Hat die *Rewe* nun eine Struktur oder hat sie Strukturen? Im übrigen enthält das erste Fallbeispiel auch einen logischen Fehler. Es muß heißen: „aus den östlichen und den westlichen Bundesländern"; denn es gibt keine zugleich „östlichen und westlichen" Gebilde.

- Es hätte modernerer **Technologien** bedurft, um die Wettbewerbsfähigkeit zu erhalten.
  „Technologie" umschließt die Gesamtheit der technischen Prozesse im Fertigungsbereich; es fungiert als Synonym für Verfahren. Die

Verwendung des Plurals wird sich nur ganz selten rechtfertigen lassen. Wenn das Wort im Sinne von Umwandlung von Rohstoffen in Fertigprodukte verwendet wird, gibt es ihn überhaupt nicht.

- Dieser Normierung bedarf es, um die Einsatz**verbräuche** vergleichbar zu machen.
  Der *Duden* akzeptiert, daß es im fachsprachlichen Bereich „Verbräuche" gibt. Gleichwohl werden hier „Einsatzmengen" vergleichbar gemacht. Was soll denn „Einsatzverbrauch" heißen?

- Man unterscheidet zwischen Personen- und Güter**verkehren**, wobei diese wiederum in . . . unterteilt werden.
  Zwar sträubt sich bei dem Wort „Verkehre" alles in einem, doch läßt dieses der *Duden* im fachsprachlichen Kontext zu.

- Solange die Ehe als die vom Staat geschützte Einrichtung gilt, kann jede Ausweitung der Begriffe nur zu **Unzuträglichkeiten** und **Unklarheiten** führen.
  Als ob „Unzuträglichkeit" und „Unklarheit" nicht auch der *FAZ* reichen würden!

- Die Anwendungsgebiete sind so vielfältig wie die **Verschiedenartigkeiten** von Technologien.
  Es geht um „Verschiedenartigkeit", ein Wort, von dem es – ebenso wie von Artigkeit – keinen Plural gibt.

- Es handelt sich hierbei um einen Prozeß, gegen den sich **Widerstände** regen.
  Wenn in einem elektrischen Gerät zu viele „Widerstände" enthalten sind, regt sich dagegen u. U. „Widerstand" von seiten der Techniker oder der Kunden.

- Die Maßnahme kann ganz verschiedene **Wirkungen** haben.
  Es gibt laut *Duden* keine Wirkungen, auch nicht – etwa bei Medikamenten – Nebenwirkungen, sondern nur Wirkung, Nebenwirkung und Auswirkung.

VI. Wider die Sterilität der Diktion

1. Der Wortschatz oder die Anmut im Überfluß

Bei all dem, was wir bis zu dieser Stelle der Mitteilung wert befunden haben, ging es um einzelne Sätze. Sicherlich hängt die Lesbarkeit eines Textes entscheidend auch davon ab, wie längere Passagen aussehen. Was erzeugt Spannung, was gibt dem Ganzen Gestalt? Dies darzulegen ginge über das spezifisch Wirtschaftswissenschaftliche hinaus (eingehend dazu: *Schneider*, 1982, ders., 1995, *Stemmler*, 1994). Ein paar Tips wollen wir indessen doch vermitteln.

Tödliche Langeweile löst jemand aus, der über einen nur bescheidenen aktiven Wortschatz verfügt. Er ist gezwungen, mit den geringen Mitteln, die er an der Hand hat, auszukommen. Zwangsläufig resultieren daraus häufige Wiederholung von Wörtern in einem einzigen oder in aufeinanderfolgenden Sätzen, Blässe des Ausdrucks, Eintönigkeit.

Wie läßt sich der aktive Wortschaft ausweiten? (Der aktive Wortschatz umfaßt die Wörter, die man selbst benützt, der passive jene, die man versteht.) Die besten Chancen hat, wer viel liest und sich mit fremden Sprachen beschäftigt. Man muß dafür natürlich auch eine Antenne haben. Dem ist zweifellos nicht so bei den Millionen Amerikanern, die in ihrem Alltag mit 3000 Wörtern auskommen. Dies sind weniger als 0,5% des Vokabulars, das es im Englischen gibt. Im Deutschen, sagt man, existierten zwischen 300000 und 500000 verschiedene Wörter, wobei unklar ist, ob in dieser Zahl auch Wortzusammensetzungen (vgl. die berühmt-berüchtigte Donaudampfschiffahrtskapitänswitwe) erfaßt sind.

Der umgekehrte Fall ist dann gegeben, wenn jemand über die Gabe verfügt, „Einfaches kompliziert und Triviales schwierig auszudrücken" (*Popper*, 1991, S. 112). Dies werde „von vielen Soziologen, Philosophen usw. als ihre legitime Aufgabe angesehen" (ebda.). Wie wenig *Popper* davon hält, illustriert folgender Apell (ebda., S. 100):

> „Jeder Intellektuelle hat eine ganz spezielle Verantwortung. Er hat das Privileg und die Gelegenheit, zu studieren. Dafür schuldet er es seinen Mitmenschen (oder „der Gesellschaft"), die Ergebnisse seines Studiums in der einfachsten und klarsten und bescheidensten Form darzustellen. Das Schlimmste – die Sünde gegen den heiligen Geist – ist, wenn die Intellektuellen es versuchen, sich ihren

Mitmenschen gegenüber als große Propheten aufzuspielen und sie mit orakelnden Philosophien zu beeindrucken. Wer's nicht einfach und klar sagen kann, der soll schweigen und weiterarbeiten, bis er's klar sagen kann."

Welche Rolle spielen Fremdwörter in auf die Wirtschaft bezogenen, zumal in wissenschaftlichen Texten? Man kann auf sie aus mehreren Gründen nicht verzichten: Zunächst gibt es termini technici, die sich nicht angemessen ins Deutsche übertragen lassen (z. B. Marketing). Bei anderen erweist es sich als äußerst schwierig, ein kompaktes Äquivalent für sie zu finden (z. B. Controlling, Reengineering). Nicht zuletzt werden Fremdwörter zum Zweck der Erzeugung von Abwechslung auch als Synonyme für brauchbare deutsche Begriffe verwendet (z. B. Konsument als Alternative zu Verbraucher).

Wie jedes Zuviel in anderen Bereichen ist auch eine Anhäufung von Fremdwörtern von Übel. Die *FAZ* macht sich regelmäßig einen Spaß daraus, einzelne in Fachzeitschriften zu findende Sätze, die mit Fremdwörtern überladen sind, aufzuspießen. Es ist schlimm, wenn selbst jemand, der jedes in diesen enthaltene Wort kennt, einen Satz mehrmals lesen muß, um hinter dessen Sinn zu kommen. Wer so schreibt, hat's nötig.

Oft bereitet bei Fremdwörtern die Pluralbildung Schwierigkeiten. Hier ein paar Beispiele für Begriffe, bei denen häufig danebengegriffen wird:

Antibiotikum, Antibiotika; Appendix, Appendizes; Bonus, Boni (auch Bonusse); Index, Indizes; Internum, Interna; Kasus, Kasus; Lapsus, Lapsus; Monitum, Monita; Moratorium, Moratorien; Paradoxon, Paradoxa; Periodikum, Periodika; Saldo, Saldi (auch: Salden); Skonto, Skonti; Sponsor; Sponsoren; Variable, Variablen (wenn ohne Artikel und fachsprachlich eingesetzt, auch: Variable); Visum, Visa (auch: Visen).

Exkurs: Das „Mismanagement" des *Manager Magazins*

Viele Studierende tun sich schwer mit der Orthographie. Hier eine Sammlung von häufig vorkommenden Rechtschreibfehlern wiederzugeben, wäre sinnlos, weil eine solche höchstens Verwunderung (z. B. über Angaschment) auslösen oder erheitern (z. B. wegen Politick, Rebublik, Refolution...) würde. Wer auf diesem Gebiet Probleme hat oder sich im Einzelfall seiner Sache nicht sicher ist, muß im *Duden* nachsehen. Daran führt kein Weg vorbei. Wenn hier dennoch ein paar Beispiele vermittelt werden, so deswegen, weil selbst Nicht-mehr-Studierende oftmals nicht wissen, wie man die fraglichen Wörter schreibt.

Zeitungsleute nehmen gelegentlich das Recht für sich heraus, von der Norm abzuweichen. So z.B. weigert sich das *Manager Magazin* beharrlich, wenn es wie so häufig von „Mismanagement" schwelgt, das „s" durch ein „ß" zu ersetzen. Es wird wohl weniger eine Vorliebe für das Englische sein als die Besorgnis, sonst in die Nähe von Frauenhändlern gerückt zu werden (vgl. Mißwahl). Der *FAZ* graut davor, „Albtraum" korrekt mit „p" zu schreiben. Einer ihrer Redakteure hat die Gründe dafür sogar einmal in einem Leitartikel dargelegt.

- Die *Europäische Union* umfaßt mittlerweile 15 Mitgliedsstaaten.
  Die offizielle Schreibweise lautet: Mitgliedstaaten.

- Ohne die Einnahmen aus der Einkommenssteuer und verschiedenen Verbrauchssteuern könnte der Staat nicht existieren.
  Obwohl sich das Sprachgefühl dagegen sträubt, das sog. Fugen–s wegzulassen, heißt es doch: Einkommensteuer, Erbschaft- und Schenkungsteuer, Grunderwerbsteuer, Körperschaftsteuer, Verbrauchsteuer(n), Vermögensteuer.

- Es handelt sich um einen für die chemische Industrie typischen Prozeßablauf.
  Dieser Industriezweig ist nicht chemisch, sondern er heißt so. Deshalb: Chemische Industrie, Pharmazeutische Industrie, Akademischer Rat, Leitender Regierungsrat, Vortragender Legationsrat, Wissenschaftlicher Assistent, Wirtschaftswissenschaftliche Fakultät, Zweiter Weltkrieg, aber – seltsamerweise – evangelische Kirche, katholische Kirche.

- Das Gesetz regelt die Ansprüche Einzelner gegenüber dem Staat.
  Eigenartigerweise schreibt man „einzelner", auch wenn kein Hauptwort darauf folgt, klein.

- Wieviel sich steuerlich absetzen läßt, ist ohne Belang.
  Wie vielen Menschen er geholfen hat, läßt sich nicht sagen.
  Wie viel Du auch spendest, es wird nie genug sein.
  „Wieviel" schreibt man zusammen, es sei denn, daß das Wort gebeugt wird (wie viele, wie vieler, wie vielen) oder daß die Betonung auf „viel" liegt (analog: zuwenig).

- Für die Übernahme des Koreferats danke ich Herrn Professor N. N.
  Im Gegensatz zu Österreich, wo man sich mit einem „r" begnügt, heißt es in Deutschland: Korreferat.

Fehler der folgenden Art unterlaufen Profis im allgemeinen nicht, Studierenden aber häufig.

- Allgemein wird das Geschäftsgebahren dem deutschen als sehr ähnlich bezeichnet.
  Von der Wiege bis zur Bahre, aber : Geschäfts- und Preisgebaren!

- Die Zusammenarbeit ist am erfolgversprechensten, wenn zusehens größere Anstrengungen unternommen werden, . . .
  . . . erfolgversprechend, . . . zusehends!

Belege dafür, daß viele Studierende auch Probleme mit der Silbentrennung haben, sind schon auf den ersten Seiten dieses Buches geliefert worden. Dabei ist die Sache ganz einfach:

Grundsätzlich trennt man Wörter da, wo man bei langsamem, lautem Lesen eine Pause einlegt: Fis-kus, Nut-zen, Qua-li-täts-füh-rer-schaft, Stra-ße. Dies gilt auch für den Fall, daß drei oder vier Konsonanten aufeinandertreffen: At-trak-tion, Emp-feh-lung, Funk-ti-on, Verkehrs-len-kung.

Die Grundregel wird durchbrochen bei zusammengesetzten Wörtern und Wörtern mit einer Vorsilbe: bei-ein-an-der, dar-an, dar-auf, dar-in, ge-gen-über, war-um, wor-in.

Nicht auseinandergerissen wird die Buchstabenverbindung „st": Kasten, Ki-sten, Ko-sten. (Diens-tag und Haus-tier sind zusammengesetzte Wörter!)

Gefährlich wird's für den, der keine alten Sprachen gelernt hat, bei Fremdwörtern, weil er deren Zusammensetzung nicht auf Anhieb erkennt. Bei den folgenden Kostproben wird nur jeweils die kritische Stelle kenntlich gemacht: ab-strakt, Atmo-sphäre, Dem-agogie, Interesse, Manu-skript, Päd-agogik, Par-allele, Pro-gnose, Pseud-onym, Syn-onym, Syn-opse. In anderen Fällen liegt's an der Buchstabenverbindung, die nicht aufgelöst werden darf: Di-plom, eta-blieren, Magnet, neu-tral, Pro-blem, Repu-blik, Varia-ble.

Mit diesen Tips ist ein Großteil der Fälle, die im allgemeinen Schwierigkeiten beim Schreiben bereiten, abgedeckt. Vielleicht wird durch die bevorstehende Rechtschreibreform so manche Mine entschärft. Einen Überblick über die wichtigsten vorgesehenen Änderungen vermittelt ein Abschnitt im Anhang.

Die Gelegenheit ist günstig, an dieser Stelle auch noch auf ein paar Besonderheiten beim Reden hinzuweisen. Wörter wie Epitheton, Paradoxon, Parameter, Paranoia werden auf der drittletzten Silbe betont (z.B. Para'-meter), Perimeter und Paralyse dagegen auf der vorletzten.

2. Mit variablem Design gegen die Langeweile

Varietas delectat (Abwechslung erfreut). Das wußten schon die alten Römer. Uniformität, die Langeweile auslöst, läßt sich hinsichtlich der verfügbaren stilistischen Mittel am ehesten überwinden, wenn man im Satzbau zwischen Feststellung und Frage, zwischen Aktiv- und Passivkonstruktion (letztere in Maßen!), zwischen kurzen und etwas längeren, aber nicht zu langen Sätzen abwechselt, einen Nebensatz 'mal vorschaltet, 'mal anhängt.

Vor allem aber sollte man Aussagen miteinander verknüpfen, statt ein Element an das andere im Stile eines Erstkläßlers anzufügen. Sofern z.B. ein Schritt den anderen bedingt, ein Ereignis auf das andere folgt, eine Feststellung angesichts all dessen, was dieser vorausgegangen ist, überrascht, sich zwei Vorgänge parallel zueinander abspielen, in all diesen Fällen gibt es sprachliche Mittel, vor allem Konjunktion und Relativpronomen, um dem Rechnung zu tragen.

- **Falls** das Modell einen nicht zu hohen Dateninput voraussetzt, ist es für die Ableitung von Strategieempfehlungen überaus nützlich.

- **Nachdem** das Management ausgewechselt worden war, stiegen die Kurse des Unternehmens (nicht etwa „wieder"; denn das würde bedeuten, daß es bereits einmal einen Aufschwung gegeben hat).

- **Obgleich** die Masse der Anleger keinen Pfifferling mehr für das Unternehmen geben wollte, fanden sich noch Leute, die weiter Aktien dieser Gesellschaft, um die schon der Pleitegeier kreiste, kauften.

- **Während** im Fertigungsbereich alles vorzüglich klappte, krankte es im Vertrieb an allen Ecken und Enden. **Dennoch** zeigten sich die Kunden des Unternehmens mit dessen Leistung zufrieden.

- Die Beschwerden, **deren** Berechtigung außer Frage stand, führten zu einschneidenden Konsequenzen in verschiedenen Betriebsteilen.

- Der Vorstand, **dessen** Haltung ambivalent war, vermochte sich nicht zu einer Entscheidung durchzuringen.

Möglichst abgewöhnen sollte man sich die verbreitete Vorliebe für eine Häufung von Passivkonstruktionen. Zuviel „wird" und „werden" wirken unpersönlich, steril, einfallslos. Wenn „es" gemacht „wird", übernimmt keiner die Verantwortung. (Das „es" als Gegenpol zum bewußten Handeln spielt bei *Sigmund Freud* eine große Rolle.)

- Die Produktionskapazität wird stillgelegt.
  Von wem? Weshalb? Mit welchem Recht?

- Es wird festgelegt, daß . . .
  Wer ordnet an? Ist er überhaupt dazu befugt?

Die Leidensform hat vor allem dort ihren Platz, wo sie sich insofern aufdrängt, als jemand wirklich belastet ist, oder in Fällen, in denen es niemanden interessiert, wer hinter der Sache steckt.

• In der Frühzeit der Industrialisierung wurden die Arbeiter schamlos ausgebeutet.
  Sie hatten also ein hartes Los zu ertragen.

• Die Läden werden um 18.30 Uhr geschlossen.
  Das ist bei uns leider so. Dabei weiß man sogar, wer dafür verantwortlich ist.

Einiges zugemutet wird dem Leser auch, wenn jemand mehrfach denselben Kasus verwendet wie im folgenden Fall:

• Die in Tabelle 1 dargestellte, branchenspezifische Auswertung erlaubt eine differenzierte Beurteilung der Beachtung der Bestimmungen der Kartellgesetze verschiedener Länder.
  Vier Genitive hintereinander!

Wie lang ein Satz sein darf, hängt entscheidend vom Bildungsniveau und von der Sachkunde derer, für die er bestimmt ist, ab. Texte wissenschaftlichen Charakters sind nicht mit Artikeln in Tageszeitungen, Nachrichtenmagazinen oder Publikumszeitschriften vergleichbar. Dort muß alles möglichst kurz und gut verdaulich sein.

Ein sicheres Zeichen dafür, daß zuviel aneinandergehängt oder ineinandergeschachtelt worden ist, besteht darin, daß ein normal begabtes Mitglied der Zielgruppe nicht mehr in der Lage ist, die zwischen zwei aufeinanderfolgenden Punkten aufgereihten Wörter durch einmaliges Lesen zu erfassen. Wann immer solch ein Ungetüm von demjenigen, für den es gedacht ist, ähnlich der Musik, die *Béla Bartók* komponiert hat, erst in seine Elemente zerlegt werden muß – Hauptsatz, Nebensätze, erweiterter Infinitiv, Appositionen, Einschübe in Klammern oder solche, die von Gedankenstrichen umrahmt sind –, um verstanden werden zu können, hört der Spaß auf. (Dies war schon ein solches Corpus delicti!)

Wenn sich jemand durch ein Satzmonster hindurchquält, nach einigen Zeilen den Anfang nicht mehr im Kopf hat und verärgert von vorne mit dem Lesen beginnen muß, hat der Autor versagt. Dies gilt auch und gerade für den Fall, daß sich gegen die Konstruktion von der Grammatik her nichts einwenden läßt. Ist jenes dagegen sprachlich falsch, erweckt dies nicht selten sogar Mitgefühl mit dem Autor. Der Gute hat sich übernommen.

Schwer genießbar wird z.B. eine Aussage dann, wenn Subjekt(e) und Objekt(e) weit voneinander entfernt sind. Darüber, daß dies im Deutschen häufig vorkommt, hat sich schon *Mark Twain* mokiert.

- Der Geschäftsführer, der, inzwischen 65, seit nunmehr 20 Jahren die Geschicke des Unternehmens geleitet, stets großen Erfolg gehabt und in dieser Zeit acht Mitarbeiter, die die Funktion eines persönlichen Assistenten wahrnahmen, verschlissen hat, ohne daß ihm dies das geringste Kopfzerbrechen bereitet hätte, sieht nunmehr einen von diesen seinen Platz einnehmen.

Gelegentlich wird der Sinn einer Feststellung ganz am Ende des Satzes ins Gegenteil dessen, was anfangs zu erwarten war, verkehrt, weil erst dort ein „nicht" oder „keineswegs" auftaucht. Einmal, zweimal erscheint dies erträglich, weil man beim Lesen nicht einschläft, sondern stets aufpassen muß. Öfter praktiziert, handelt es sich um eine Marotte.

- Die Sache sieht ganz danach aus, als ob all die Maßnahmen, die das Unternehmen im Laufe der letzten Monate zur Abwendung des Konkurses seiner spanischen Tochtergesellschaft getroffen hat, den gewünschten Erfolg (Aufatmen!) deshalb nicht (oh!) haben werden, weil ein Teil der Führungskräfte des angeschlagenen Betriebs nicht mitzieht.

Ähnlich schwer zu verdauen ist die doppelte Negation, die im Deutschen, anders als z.B. im Spanischen, eine Affirmation ergibt.

- Nicht, daß der Mitarbeiter N.N. nicht fleißig genug gewesen wäre, er hat aber trotzdem nichts zuwege gebracht.
  Viel leichter zu kapieren wäre: Obwohl der gute Mann fleißig war, hat er nichts geschafft.

Abwechslung kann auch stören, und zwar dann, wenn Sätze nicht mehr symmetrisch sind. Dies verdeutlicht folgender Fall:

- Das Management bemühte sich nach Kräften, den Interessen der Mitarbeiter Rechnung zu tragen, die Anteilseigner zufriedenzustellen, dem Staat das Seine zu geben, und um ein hohes Ansehen des Unternehmens in der Öffentlichkeit.
  Dieser Satz ist nicht ausbalanciert. (Man lese ihn einmal laut!) Er muß etwa ausklingen mit: „. . . und dem Unternehmen ein hohes Ansehen in der Öffentlichkeit zu verschaffen (bzw. zu erhalten)."

Wenn jemand Spaß an der Sprache hat, zeigt sich dies u.a. daran, daß er ab und zu eine Alliteration zustandebringt. (Ein Zuviel des Guten wirkt allerdings lächerlich.) Eine solche ist dadurch gekennzeichnet, daß mehrere (fast) nahtlos aufeinanderfolgende Wörter mit demselben Buchstaben beginnen.

- Wer Wohlstand will, wird Wachstum wählen.
- Durch Kundennähe und Kompetenz zu Konkurrenzvorteilen!
- Auch andere Autoren äußerten sich ablehnend.
- Bekannte Beispiele bilden Berlin, Bukarest, Bogotá und Buenos Aires.
- „Put a tiger in your tank." *Esso* (heute *Exxon*) hatte mit diesem Slogan einen sensationellen Erfolg.

Texte müssen auch optisch strukturiert sein. In manch einem Buch und in nicht wenigen Aufsätzen finden sich Textblöcke von eineinhalb Seiten Länge, gleichzeitig aber auch Absätze, die lediglich aus einem einzigen Satz bestehen. Beides erscheint unzweckmäßig; denn Absätze reflektieren die Art und Weise, wie ein Autor seine Gedanken gliedert. Es widerspricht jeder Vorstellung von Ausgewogenheit, wenn einerseits fast nichts strukturiert (was die Aufnahme des Textes durch den Leser gewaltig erschwert), andererseits aber die Auffächerung bis ins Extrem getrieben wird, wenn nämlich ein Absatz nur noch einen einzigen Satz umfaßt. Macht jemand von der Möglichkeit der Zäsur im Übermaß Gebrauch, wirkt das Ganze zerhackt. Es fehlt die Verbindung der Textteile untereinander, ähnlich dem Staccato in der Musik, bei dem dies beabsichtigt ist.

3. Beispiele und Bilder

Bei dem Nachrichtenmagazin *Der Spiegel* gibt es den Grundsatz, daß nichts so interessant ist wie der Mensch. Eine Geschichte muß deshalb möglichst an Personen aufgehängt werden. In wirtschaftswissenschaftlichen Abhandlungen oder in Lehrbüchern wagen viele Autoren nicht einmal, beispielsweise Unternehmen beim Namen zu nennen, und zwar erstens, weil sie ihrer Sache nicht sicher sind, zweitens, weil sie befürchten, für denkbare abwertende Äußerungen zur Rechenschaft gezogen zu werden, und drittens, weil in Werken, die auf längeren Bestand angelegt sind, an Namen gebundene Beispiele jene wegen ihrer verblassenden Aktualität rasch veralten wirken lassen.

Dabei prägen sich solche Bezüge viel besser ein als abstrakte Ausführungen. Sie liefern auch den Nachweis dafür, daß der Verfasser auf dem Boden der Tatsachen steht oder daß ein Modell, das mit echten, ja selbst fiktiven Zahlen durchgerechnet ist, funktioniert. Solch eine Verzahnung von Aussagen mit der realen Welt setzt einen Autor auch einem größeren Scheiterrisiko aus, was durchaus erwünscht ist. Im Ernst?

Ein Verfasser kann so vorsichtig zu Werke gehen, daß er nirgends aneckt, niemandem zu nahetritt, kaum widerlegt werden kann. Was dabei herauskommt, ist fad und wenig informativ. Wer dagegen plastisch formuliert, Unbequemes von sich gibt (ohne zu verletzen) und andere, lebende Menschen oder Unternehmen, über die man spricht, erkennbar in seine Überlegungen einbezieht, löst Zustimmung oder Widerspruch aus. Damit wird ein Text – im doppelten Sinne des Wortes – lebendig. Gleichzeitig kann man natürlich leichter des Irrtums oder einer Fehleinschätzung überführt werden.

Für einen Gag gut sind Metaphern oder Wortspiele. Falls z. B. jemand vor dem Hintergrund zunehmender Korruption bei Staatsdienern schreibt: „Wird die öffentliche Hand bald zur offenen Hand?", so prägt sich dieses Bild besser ein als fünf langatmige Sätze über die angeblich zunehmende Bestechlichkeit von Beamten. Ähnlich weiß jeder auf Anhieb, was gemeint ist, sollte er nach sogenannten Bilanzpressekonferenzen auf Schlagzeilen treffen wie „Die deutsche Automobilindustrie gibt Vollgas" oder *„Siemens* unter Hochspannung".

Wortspiele zeichnen sich dadurch aus, daß sich etwas reimt, doppeldeutig ist, daß ein geflügeltes Wort oder Sprichwort leicht abgewandelt wird und dergleichen mehr. Dazu ein paar Beispiele:

- *Hertha*, wenn's um die Wurst geht.
  Das Unternehmen produziert tatsächlich Wurst. Der Slogan kann aber auch so gedeutet werden, daß es ums Ganze geht.

- In einem Zug durch Ägypten!
  Der Reiseveranstalter verspricht, daß das Land am Nil entweder per Zug und/oder in einem Rutsch durchquert wird.

- *Aral* immer besser!
  Dieser Slogan hat's in sich. Besser als was? Besser als früher oder, was Wettbewerber argwöhnten, besser als die Konkurrenz? Hätten sie recht, wäre dies ein Fall fürs Gesetz gegen den unlauteren Wettbewerb.

- *Hoechst*: Riskante Operation
  So war ein Artikel über die Umstrukturierung des Chemieunternehmens überschrieben.

Mit einem Bild kann man aber auch ziemlich schiefliegen. Plappert jemand z. B. den folgenden Satz nach, dann hat er die Analogie ebenso wie viele andere vor ihm nicht zu Ende gedacht:

- Politiker nutzen, wenn es um ihre Diäten und Aufwandsentschädigung geht, ihr Amt wie einen Selbstbedienungsladen. (Beachte: nicht Diät!)
  In einem SB-Laden wählt man zwar ohne fremde Hilfe Waren aus und sammelt sie ein, doch gibt es am Ende des Streifzuges durch das Geschäft eine Kasse, an der keiner vorbeikommt, ohne zu zahlen.

Was das Spiel mit Beispielen und Bildern so reizvoll macht, ist der Umstand, daß ein Text dadurch an Aktualität, Anschaulichkeit und Brisanz gewinnt. Es geht ums gewisse Etwas. Wer hätte nicht Sinn für Pfiff und Witz? Außerdem kann man sich so viel leichter von anderen abheben. Es gibt praktisch unendlich viele Möglichkeiten, eine für bedeutsam gehaltene Aussage mit Beispielen zu belegen oder mit Bildern zu untermalen, während es, wenn sich mehrere sachkundige Menschen – etwa Redakteure von Zeitungen – zu einem bestimmten Thema äußern, hinsichtlich der zentralen Argumente zu einem großen Maß an Übereinstimmung kommen wird. Wen hört man da noch heraus?

Literaturhinweise

Drosdowski, G., Die Leiden des Wörterbuchmachers – Bekenntnisse eines Verdammten, Mannheim u. a. 1992.

Duden – Rechtschreibung der deutschen Sprache, 20., völlig neu bearb. und erw. Auflage, Mannheim u. a. 1991.

Duden – Richtiges und gutes Deutsch, 3., neu bearb. und erw. Auflage, Mannheim u. a. 1985.

Duden – Stilwörterbuch der deutschen Sprache, 7. Auflage, Mannheim u. a. 1988.

Heller, K., Rechtschreibreform – Die wichtigsten Änderungen, in: journalist, 45. Jg. (1995), Heft 4, S. 65–76.

Natorp, K., Unter den Teppich gekehrt – Wohin mit den Worthülsen? Anmerkungen eines Sprachkritikers, in: *Frankfurter Allgemeine Zeitung*, 3. 6. 1995, Nr. 128, o. S.

Nieschlag, R., Dichtl, E., Hörschgen, H., Marketing, 17., neu bearb. Aufl., Berlin 1994.

Popper, K. R., Auf der Suche nach einer besseren Welt, 6. Aufl., München – Zürich 1991.

Raffée, H., Grundprobleme der Betriebswirtschaftslehre, Göttingen 1974.

Schneider, W., Deutsch fürs Leben, Reinbek bei Hamburg 1995.

ders., Deutsch für Profis, 2. Aufl., Hamburg 1982.

Stemmler, T., Stemmlers kleine Stil-Lehre, Frankfurt 1994.

Anhang

Die Gestaltung von Abbildungen und Tabellen

Wesentliche Hilfsmittel bei der Aufbereitung und Präsentation von Befunden bilden Tabellen und Abbildungen. (Die folgenden Hinweise sind *Nieschlag-Dichtl-Hörschgen*, 1994, S. 861 f., entnommen.) Beide müssen in dem Sinne in den Text eingebunden werden, daß jeweils an der richtigen Stelle auf sie verwiesen wird. Dies erleichtert dem Leser die Orientierung, zumal Diagramme in Druckwerken oft nicht an der Stelle stehen können, wo sie aus sachlogischen Gründen eigentlich hingehören.

Tabellen braucht man, um Urdaten oder bereits verdichtete Werte in einer geordneten Form auszuweisen. Oftmals lassen sich so Sachverhalte raumsparend darstellen und von den Adressaten viel leichter und schneller erfassen. In den meisten Fällen erübrigt es sich dann, auch noch verbal wiederzugeben, was jeder Sachkundige bzw. Interessierte einer Tabelle entnehmen kann. Lediglich überraschende, z.B. nicht plausible Befunde oder solche, die im Rahmen der Argumentation eine besondere Rolle spielen, sollten im Textteil hervorgehoben werden. Im übrigen gilt es, wenn Tabellen das Ergebnis des Einsatzes von mathematisch-statistischen oder von Operations-Research-Verfahren darstellen, sorgfältig zwischen der – vordergründig angelegten – Kommentierung von Fakten und der – weit darüber hinausgehenden, weil auf Hintergründe, Ursachen etc. abzielenden – Interpretation von Ergebnissen zu unterscheiden.

Tabellen bestehen aus Zeilen und Spalten, insbesondere einer Kopfzeile und einer Kopfspalte. Sie enthalten Gliederungskriterien, wo immer möglich im Singular formuliert, schaffen somit Struktur. Wichtig erscheint dabei, sofern alle in einer Zeile oder Spalte vorkommenden Werte in ein und derselben Dimension (z.B. DM oder %) gemessen werden, diese nur einmal, und zwar in der Kopfzeile bzw. -spalte aufzuführen. Es gilt der – in kaum einem Computerprogramm verwirklichte – Grundsatz, jegliche Redundanz zu vermeiden.

Für wie viele Zeilen und Spalten man sich entscheiden soll, hängt abgesehen von Fällen, in denen dies der Gesetzgeber vorschreibt, wie z.B. bei Bilanzen, davon ab, welches Maß an Komprimierung bzw. Komplexität der Aufgabenstellung angemessen erscheint, wie stark die Zellen jeweils besetzt wären und, ganz allgemein, inwieweit dem Anliegen, Struktur hervortreten zu lassen und Transparenz zu schaffen, durch eine bestimmte Auffächerung der Befunde Rechnung getragen wird. Ein Verzicht auf einen allzu differenzierten Ausweis erhöht nicht nur die Akzeptanz, d. h. die Wahrscheinlichkeit, wahrgenommen und zur Kenntnis genommen zu werden, sondern auch die Chance, überall dort, wo auf Stichprobenbasis gewonnene Werte ausgewiesen werden, signifikante Ergebnisse präsentieren zu können. Dies bedeutet, daß z. B. eine zwischen mitgeteilten (Mittel-)Werten bestehende Differenz bis auf eine winzige, numerisch bestimmbare Irrtumswahrscheinlichkeit nicht auf das Walten des Zufalls zurückgeführt werden kann. Es steckt also wirklich „etwas dahinter".

Aus diesem Grund sollte man auch genau prüfen, wie viele Stellen hinter dem Komma bei Zahlen den Lesern zugemutet werden. Bedenkt man zudem, auf welch fragwürdige Weise manche Rohdaten zustande kommen, wirkt bereits eine einzige unangebracht, wenn nicht gar lächerlich. Auf jeden Fall aber müssen es bei jeder Zahl gleich viele sein, auch wenn man sich dazu der Ziffer Null bedienen muß.

Eine Tabelle sollte im übrigen oberhalb oder unterhalb des von ihr beanspruchten Raumes numeriert und mit einigen Worten gekennzeichnet sein, wobei Relativ- oder gar ganze Sätze zu vermeiden sind. Außerdem hat man die Quellen, aus denen die vermittelten Daten stammen, anzugeben, sei es in Form des Zusatzes „eigene Erhebung" oder sei es durch Nennung der Publikation(en), auf die sie unmittelbar oder letztlich zurückgehen.

Abbildungen prägen sich noch leichter ein als Tabellen. Ein überzeugendes Beispiel dafür bietet die Armbanduhr, bei der sich die digitale Zeitwiedergabe nicht hat durchsetzen können und den herkömmlichen Zeigern weichen mußte. Es gibt hier vielfältige Gestaltungsformen, so z. B. Koordinatensysteme mit Geraden, Kurven und Flächen, Kasten-, Kreis-, Säulen-, Kuchen-, Baum-, Flußdiagramm, Profildarstellung sowie die gegenständliche oder idealisierte Wiedergabe von Objekten, wie sie oft von Tageszeitungen zur Veranschaulichung gesamtwirtschaftlicher Sachverhalte benützt wird (z. B. der Größe nach angeordnete schematisierte Autos als Abbild der bedeutendsten Hersteller oder Exporteure von Fahrzeugen).

Hinsichtlich der Verwendung von Bildelementen gilt analog, was bereits zur Gestaltung von Tabellen vermerkt wurde: Wenn eine Abbildung einer langen Erläuterung bedarf oder schwerer zu verstehen ist als die verbale Darstellung eines Sachverhalts, hat sie ihren Zweck verfehlt. Man sollte dann darauf verzichten. Dagegen kann es im Einzelfall durchaus sinnvoll sein, die in einer Tabelle enthaltenen Informationen auch noch graphisch wiederzugeben.

Orthographie mit persönlicher Note: Kernelemente der Rechtschreibreform

Ob ein Wort richtig oder falsch geschrieben ist, richtet sich nach Regeln, die 1901/02 auf der 2. *Orthographischen Konferenz* in Berlin beschlossen worden sind. Nun soll es, nach ziemlich genau 100 Jahren, erstmals wieder zu einer Reform kommen, die etwa bis zum Jahre 2001 bewältigt sein soll. Einer solch langen Übergangszeit bedarf es nicht etwa deshalb, weil man Mühe hätte, sich alle Änderungen einzuprägen, sondern vornehmlich deswegen, weil sonst Millionen Schulbücher falsch wären und unverzüglich modifiziert werden müßten. Dies wäre weder technisch noch im Hinblick auf den damit verbundenen finanziellen Aufwand zu schaffen.

Alles in allem sind die Reformvorschläge moderat ausgefallen und zwiespältig zu beurteilen, weil sie sich weiter denn je vom Grundsatz der Eindeutigkeit entfernen. Was sehen sie vor? Wer es genau wissen will, muß sich die *Duden-Informationen zur neuen deutschen Rechtschreibung, Bibliographisches Institut & F. A. Brockhaus*, Mannheim, besorgen. Die folgenden Hinweise lehnen sich an einen Beitrag von *Klaus Heller* (1995) an.

(1) Laut-Buchstaben-Zuordnung

Das Anliegen besteht hier darin, den Wortstamm bei allen Ablegern zu erhalten. Eine erste Fallgruppe betrifft den Umlaut:

behende – behände (Hand), Quentchen – Quäntchen (Quantum), überschwenglich – überschwänglich (Überschwang)

Sodann geht es um die Verdoppelung des Konsonanten nach kurzem Vokal:

numerieren – nummerieren, Paket – Packet, plazieren – platzieren, Zigarette – Zigarrette

Nach einem kurzen Vokal soll der Buchstabe ß durch ss ersetzt werden:

Haß – Hass, er läßt – er lässt, daß – dass

Wo drei identische Konsonanten zusammenstoßen, sollen immer auch alle drei geschrieben werden:

Schiffahrt – Schifffahrt, Stoffetzen – Stofffetzen, Flußsand – Flusssand

Wenn einem Wort, das auf -*heit* endet, eine Silbe vorausgeht, deren letzter Buchstabe ein *h* ist, soll dieses erhalten bleiben.

Roheit – Rohheit, Zäheit, Zähheit

Umgekehrt werden aus rauh die Eigenschaft rau und aus dem Känguruh ein Känguru.

Gute Nachricht für Leute, die nicht wissen, wie man Wörter wie selbständig schreibt. Künftig kann man nichts mehr falsch machen; denn es wird zwei zulässige Formen geben. Fortschritt oder Schnapsidee?

selbständig – selbständig/selbstständig, Zierat – Zierat/Zierrat, essentiell – essentiell/essenziell, Differential – .../Differenzial, Potential – .../Potenzial, substantiell – .../substanziell

(2) Fremdwörter

Es bleibt bei Metapher, Phänomen, Philosophie und Sphäre, doch darf man Al..abeth, As..alt, Gra..ologie, Orthogra..ie etc. wahlweise mit *ph* oder *f* schreiben.

Bei Ast*h*ma, Apot*h*eke, Jog*h*urt, R*h*abarber, R*h*euma, R*h*yt*h*mus, Spag*h*etti, Videot*h*ek usw. kann man, muß aber nicht jeweils auf das *h* verzichten (also z.B.: Rytmus).

Aus Exposé wird Exposee, aus Varieté Varietee und aus Kommuniqué, wenn man will, Kommunikee. Die Speisekarte wird um Schikoree erweitert; wer Hämorriden (bisher: Hämorrhoiden) hat, braucht nicht manischdepressiv (bisher: manisch depressiv) zu werden.

(3) Getrennt- und Zusammenschreibung

Wenn Auto fahren korrekt geschrieben ist, warum sollte es dann nicht auch Rad fahren heißen, wenn zueinander passen stimmt, weshalb nicht auch zueinander finden? Man wird künftig Staub saugen, Teppich klopfen, abwärts gehen, Halt machen und gefangen nehmen. Es wird irgendetwas übrig bleiben und irgendjemand, der einem nahe steht, wird dem Ärmsten auf die Zehen treten.

(4) Schreibung mit Bindestrich

Einerseits soll der Bindestrich dazu verhelfen, das, was man ausdrücken will, zu verdeutlichen, andererseits soll er bei Anglizismen abgeschafft werden:

8-fach (bisher schon: n-fach), 3-Tonner (statt: 3 tonner), 100-prozentig, Ichsucht/Ich-Sucht, Zooorchester/Zoo-Orchester; aber: Hairstylist, Jobsharing, Rushhour.

(5) Groß- und Kleinschreibung

Keine – neue (!) – Regel ohne Ausnahmen! Es bleibt bei Stiller Ozean und bei *Grimm*'schen Märchen, aber Informationen findet man am schwarzen Brett. Das *ohm*sche Gesetz ist auch nicht mehr das, was es einmal war.

Als Erleichterung werden es die meisten empfinden, wenn man künftig nicht mehr zwischen *in bezug auf* und *mit Bezug auf* unterscheiden muß: Die (Sprach-)Logik kommt wenigstens hier zu ihrem Recht.

In Bezug auf, im Allgemeinen, das Beste, auf dem Trockenen sitzen, Schuld geben, Pleite gehen, heute Mittag, gestern Abend, am Sonntagmorgen, das goldene Zeitalter – all dies ist nach noch geltenden Regeln falsch.

(6) Zeichensetzung

Hauptsätze, die mit *und* bzw. *oder* verbunden sind, werden nicht mehr durch Komma getrennt. Bei Infinitiv- oder Partizipgruppen bedarf es des Kommas nur noch, wenn sie (1) durch eine hinweisende Wortgruppe angekündigt, (2) durch eine solche wieder aufgenommen werden oder (3) aus der üblichen Satzstruktur herausfallen:

(1) Darüber, dem Mitarbeiter zu kündigen, waren sich alle einig.
(2) Ihm zu kündigen, dies war das gemeinsame Ziel.
(3) Zur Kündigung, um ihn zur Räson zu bringen, gab es keine Alternative.

Im übrigen erhält man mehr Freiheit bei der Verwendung des Kommas, wenn es darum geht, Mißverständnisse zu vermeiden:

(1) Die Konzernspitze riet, nicht hinreichend qualifizierten Mitarbeitern zu kündigen.
(2) Die Konzernspitze riet nicht, hinreichend qualifizierten Mitarbeitern zu kündigen.
(3) Die Konzernspitze riet nicht hinreichend qualifizierten Mitarbeitern, zu kündigen.

(7) Trennung am Zeilenende

Die Buchstabenkombination *st* darf künftig immer, das *ck* nicht mehr getrennt werden. Die beiden Konsonanten kommen in die nächste Zeile.

Wes-te, Kas-ten, Mus-ter; Zu-cker, Ba-cke, le-cken

Um Fremdwörter wie Chirurg, Pädagoge und Helikopter richtig trennen zu können, braucht man nicht länger Griechisch gelernt zu haben.
Man darf sich, wenn man will, nach der Aussprache richten. Selbst U-
fer und O-fen sind zulässig, doch soll man Altbauer-haltung und Seeu-
fer vermeiden.

Wer die neuen Regeln, Zeugnis von Mutlosigkeit oder mangelndem
Einigungsvermögen der Verantwortlichen, begriffen und die von ihnen
gesammelten rund 12 000 „Beispielwörter" gespeichert hat, kann nicht
sicher sein, in den nächsten 100 Jahren nicht noch einmal umlernen zu
müssen.

Ausgewählte Fachbegriffe

Ein großer Teil der über 130 hier aufgeführten Termini, bis auf einen (Raubdruck) allesamt Fremdwörter, wird in dem Buch verwendet. Wenn man mit ihnen ebenso wie mit den übrigen etwas anzufangen weiß, erleichtert dies die Orientierung bei sprachkritischen Erörterungen in weiterführenden Werken. Sofern ein Wort verschiedene Bedeutungen hat (z. B. Ellipse, Legende, Tenor), interessiert hier allein die linguistische Seite.

Adjektiv	Eigenschaftswort
Adverb	Umstandswort
Affirmation	Bejahung, Zustimmung
Akkusativ	Wenfall
Akronym	aus den Anfangsbuchstaben aufeinanderfolgender Begriffe gebildetes Wort (z. B. ECU, *NATO*)
Aktiv	Tätigkeitsform des Verbums (Gegensatz: Passiv)
Allegorie	Sinnbild, Gleichnis
Alliteration	Stabreim (mehrere aufeinanderfolgende Wörter beginnen mit demselben Laut)
Almanach	Kalender, bebildertes Jahrbuch
Annalen	Jahrbücher (nur Plural)
Aphorismus	geistreicher, knapp formulierter Gedanke
Appendix	Anhang, Anhängsel
Apposition	substantivische Beifügung, die mit dem Bezugswort in Genus, Numerus und Kasus übereinstimmt
Artikel	Geschlechtswort (direkter: der, die, das; indirekter: ein, eine, eines)
Axiom	Satz, den man für wahr hält und nicht hinterfragt (Ausgangspunkt der Argumentation)
Bibliographie	Verzeichnis von Büchern
Dativ	Wemfall
Deklination	Beugung von Substantiven, Adjektiven, Pronomen und Numeralien

Demonstrativpronomen	hinweisendes Fürwort (z. B. dieser)
Design	Entwurf, Konstruktion, Muster
Diktion	Ausdrucksweise, Schreibart
Edition	Ausgabe
Eklektizismus	Zusammentragen (Herauspicken) von Elementen verschiedener Theorien oder Forschungsansätze und deren Verschmelzung zu einem Ganzen
Elativ	absoluter Superlativ
Ellipse	Auslassung von Wörtern oder Satzelementen, die der Hörer oder Leser automatisch mitdenkt oder die bei parallel konzipierten Gliedern eines Satzes nur einmal verwendet zu werden brauchen
Enzyklopädie	Nachschlagewerk
Epilog	Nachwort, Ausklang
Etymologie	Ursprung, Herkunft, Geschichte von Wörtern
Euphemismus	beschönigendes Wort, schönfärberische Umschreibung eines beklagenswerten Sachverhalts
Euphonie	Wohlklang
Exkurs	Abschweifung, Ausführungen zu einem nicht im Mittelpunkt stehenden Aspekt
Exposé	Skizze für ein Vorhaben, Plan, Denkschrift
Exposition	Einleitung, erster Teil einer Abhandlung
Fragment	Bruchstück, nicht zu Ende geführtes Werk
Genitiv	Wesfall
Genus	Geschlecht
Grammatik	Sprachlehre
Heuristik	gezieltes – im Gegensatz zu wahllosem – Suchen nach einer guten Lösung oder Erkenntnissen, wobei diesem aber die methodische Strenge der Analyse abgeht, intelligentes Probieren
Homonym	Wort, das wie ein anderes lautet und geschrieben wird, aber etwas Verschiedenes bedeutet (z. B. Seite der Straße und Seite des Buches)

Hypothese	begründete Vermutung über das Bestehen eines Zusammenhangs zwischen zwei Sachverhalten oder Erscheinungen, wobei jene vorzugsweise in Sätzen von der Art „wenn – dann" oder „je – desto" zum Ausdruck gebracht wird
Imperfekt	Zeitform des Verbums, die ausdrückt, daß etwas geschah, wobei der Vorgang aus der Sicht des Betrachters abgeschlossen ist (z.B.: in dem Augenblick, in dem er entdeckte, daß ...)
Implikation	Auswirkung, Ausstrahlung auf ..., Bedeutung, Einbeziehen von ...
Impressum	Angabe über Verlag, Erscheinungsweise, Auflage etc. in Druckerzeugnissen
Imprimatur	Druckerlaubnis (nach Durchsicht von Druckfahnen)
Indikativ	Wirklichkeitsform (Gegensatz: Konjunktiv)
Infinitiv	Grund-, Nennform des Verbums (z.B. lesen)
Inversion	Umdrehung der üblichen Wortstellung im Satz
Kakophonie	Mißklang
Kasus	Fall (Nominativ, Genitiv, Dativ, Akkusativ)
Katalog	Verzeichnis
Kolumne	Druckspalte, von einem Kolumnisten beanspruchter Platz in einer Zeitung
Kompendium	Abriß, kompaktes Lehrbuch
Kongruenz	Übereinstimmung von Satzgliedern hinsichtlich Person, Genus und Kasus
Konjugation	Beugung des Verbums (z.B.: ich lese, du liest, er liest ...)
Konjunktion	Bindewort (z.B. und, oder, weil)
Konjunktiv	Möglichkeitsform (Gegensatz: Indikativ)
Konsistenz	Übereinstimmung, Vereinbarkeit, Folgerichtigkeit
Konstrukt	nicht direkt erfaßbares bzw. meßbares Phänomen, Arbeitshypothese
Kontext	Text, in den ein Wort oder eine Aussage eingebettet sind
Korreferat	Stellungnahme eines zweiten Redners oder Gutachters (z.B. zu einer Dissertation)

Legende	Erklärung von Zeichen oder Abkürzungen
Linguistik	Sprachwissenschaft
Manuskript	hand- oder maschinenschriftliche Ausarbeitung
Metaebene	übergeordnete Ebene
Metapher	Wort mit übertragener Bedeutung (z. B. „cash cow" = Geschäftsbereich, der viel Geld abwirft, den man milkt, ohne weiter in ihn zu investieren)
Metasprache	Sprache, in der Aussagen über in der Objektsprache getroffene Feststellungen gemacht werden (Gegensatz: Objektsprache)
Metastudie	Studie, in der Studien anderer analysiert werden, Gesamtschau von Veröffentlichungen zu einem Sachgebiet
Methodik	Vorgehensweise, Weg der Untersuchung
Methodologie	Lehre von den wissenschaftlichen Methoden, Wissenschaftstheorie
Monographie	umfassende wissenschaftliche Abhandlung über ein begrenztes Sachgebiet
Negation	Verneinung
Nomenklatur	System wissenschaftlicher Fachausdrücke
Nominativ	Werfall
Notation	System von Zeichen und Symbolen
Numerale	Zahlwort (z. B. eins)
Numerus	Zahl (Einzahl = Singular, Mehrzahl = Plural)
Objekt	Satzergänzung
Objektsprache	Sprache, in der man sich „zur Sache" äußert (Gegensatz: Metasprache)
Oeuvre	Gesamtwerk eines Künstlers oder Wissenschaftlers
Operationalisierung	Verfahren, ein Konstrukt meßbar zu machen
Oxymoron	Verknüpfung zweier Begriffe, die sich logisch widersprechen (z. B. die neue Armut der Reichen, die jungen Alten)
Pamphlet	Streitschrift, Schmähschrift
Paradigma	Beispiel, Muster; umfassendes, festumrissenes Wissenschaftsprogramm, an dessen Verdeut-

	lichung oder Verwirklichung eine große Zahl von Fachvertretern arbeitet
Paradox, Paradoxon	Aussage, die einen Widerspruch in sich enthält, aber nur scheinbar falsch ist, Beobachtung, die bekannten Erklärungsmustern zuwiderläuft
Parenthese	in einen Satz eingefügte, von Klammern oder Gedankenstrichen eingegrenzte Aussage
Partizip	Mittelwort (. . . der Gegenwart: arbeitend; . . . der Vergangenheit: gearbeitet)
Passiv	Leideform (z. B. ich werde geprüft; Gegensatz: Aktiv)
Perfekt	Zeitform des Verbums, die mit „haben" oder „sein" gebildet wird. Das Geschehen in der Vergangenheit wirkt in die Gegenwart nach. Beispiel: Der Student hat bei der Prüfung gemogelt und ist dabei erwischt worden. An den Konsequenzen trägt er schwer. Andererseits: Der Student fiel auf, weil er in der Prüfung plötzlich laut stöhnte (Imperfekt!).
Periodikum	regelmäßig erscheinende Publikation (z. B. Zeitschrift)
Phrase	nichtssagende Äußerung, gehaltlose Aussage
Plagiat	Diebstahl geistigen Eigentums
Pleonasmus	überflüssiger sprachlicher Zusatz (z. B. zusammenaddieren, sinnlos vergeuden, Neueinführung eines Produktes, schweres Unwetter)
Plural	Mehrzahl
Plusquamperfekt	Zeitform des Verbums, die mit „hatte" oder „war" gebildet wird. Man drückt damit aus, daß dem, was geschah, etwas anderes vorausgegangen ist.
Pointe	überraschendes, geistreiches Ende eines Witzes oder einer Erzählung
Präambel	feierliche Einleitung, Vorrede
Prädikat	Satzaussage (ohne mindestens **ein** Prädikat kommt kein Satz zustande)
Präposition	Verhältniswort (siehe *Tabelle 2,* S. 49)
Präsens	Zeitform des Verbums, die ausdrückt, daß etwas in der Gegenwart geschieht
Präteritum	gleichbedeutend mit Imperfekt

Pragmatik	neben Syntax und Semantik dritte, und zwar handlungsorientierte Dimension sprachlichen Geschehens
Proband	Auskunftsperson, Testperson
Prolog	feierliches Vorwort, Vorrede
Pronomen	Fürwort (z. B. ich, mein)
Protokoll	schriftlicher Bericht über eine Sitzung, Tagung etc., Niederschrift über eine Aussage
Pseudonym	Deckname, Künstlername
Raubdruck	widerrechtlicher Nachdruck einer Veröffentlichung
Referat	Vortrag, Sachgebiet
Redundanz	nicht notwendiger Teil einer Information, Überflüssigkeit, Weitschweifigkeit
Relativsatz	Nebensatz, der durch ein Relativpronomen oder Relativadverb eingeleitet wird. Beispiele: Der Student, **der** die Prüfung bestanden hat, ... Der Student, **welcher** ... Der Professor schloß die Seminarveranstaltung pünktlich, **was** alle Teilnehmer begrüßten.
Reliabilität	Zuverlässigkeit, Verläßlichkeit, Vertrauenswürdigkeit (von auf Stichprobenbasis gewonnenen Daten)
Rezension	Besprechung von Büchern oder Aufsätzen
Semantik	Lehre von der Bedeutung sprachlicher Zeichen
Signifikanz	Bedeutung, Tragweite, von Null verschiedene, berechenbare Wahrscheinlichkeit für Vorhandensein einer interessierenden Eigenschaft oder Ausprägung einer Variablen
Singular	Einzahl
Stringenz	Straffheit der Gedankenführung
Struktur	Aufbau, Konstruktion, Gliederung eines Ganzen nach Maßgabe eines oder mehrerer Kriterien
Subjekt	Satzgegenstand
Subskription	Vorausbestellung eines später erscheinenden Buches, Abonnement eines Periodikums
Substantiv	Hauptwort
Synonym	sinnverwandtes Wort

Synopse	kompakte Zusammenfassung, vergleichende Übersicht
Syntax	Lehre vom Satzbau
Tautologie	doppelte Wiedergabe eines Sachverhalts, Argumentation, die sich im Kreise dreht
Tenor	Sinn, Grundrichtung einer Aussage oder Ausarbeitung
Terminus technicus	Fachwort, Fachbegriff
Testimonial	Referenz, Zeichen der . . ., Bekenntnis zu . . .
Theorem	philosophischer oder mathematischer Lehrsatz
These	Behauptung, Satz, Leitsatz
Traktat	wissenschaftliche Abhandlung
Transparenz	Durchsichtigkeit, Durchschaubarkeit
Validität	Gültigkeit, Berechtigung, Stichhaltigkeit, Triftigkeit
Verbum	Zeitwort
Zensur	Prüfung, u. U. Verbot der Veröffentlichung von Druckerzeugnissen durch Behörde